걸리버 여행기

Gulliver's Travels

조너선 스위프트

다락원 WILEY Publishers Since 1807

세계의 교양을 읽는다

고전을 왜 읽는가?

인간의 삶과 세상에 대한 영원한 물음이 있기 때문이다. 시대와 사상을 뛰어넘어 지금 여기 우리에게 필요한 물음이 없는 고전은 더이상 고전이 아니다. 인간과 삶에 대한 근원적인 물음 없이 고전을 읽는다면 자신과 인간에 대한 성찰과 지혜로 이어지지 않는다. 논술 시험 때문에, 과제물 때문에, 아니면 남들이 읽으니까, 나도 읽는다는 식이라면 그 책은 죽은 책일 수밖에 없다.

고전을 살아 있는 책으로 만드는 이 '물음!'에 답하기 위해서는 좋은 길잡이가 필요하다. 40년 이상 미국의 고교생과 대학 주니어들이 시험, 에세이 작성, 심층토론 준비를 위해 바이블처럼 애용해온 'CliffsNotes'와 'SPARKNOTES'는 바로 그런 좋은 길잡이의 표본이다. 이 두 시리즈가 원조 논술연구모임인 '일이관지(一以貫之)' 팀의 촌철살인적 해설을 곁들여 〈다락원 논술노트〉로 재탄생해 논술로 고민중인 대한민국 학생 여러분을 찾아간다.

CliffsNotes와 SPARKNOTES의 가장 큰 장점은 방대하고 난해한 고전을 Chapter별로 요약하고 분석해서 원전의 내용에 보다 쉽고 체계적으로 접근하는 신속·간편성이라고 할 수 있다. 여기에 '一以貫之'팀이 원전의 중요한 문제의식, 즉 근원적 '물음'은 무엇이며, 그 '물음'은 오늘날에도 여전히 유효한가, 라는 질문을 다시 던진다.

대입논술로 고민하고, 자칭 타칭의 고전이 넘쳐나는 오늘의 독서풍토에서 지적 정복이 긴박한 대한민국 학생들에게 감히 이 시리즈를 자신 있게 권한다.

一以貫之 논술연구모임 연구실장 이호곤

CliffsNotes와 SPARKNOTES는 방대한 원작을 보다 쉽게 이해할 수 있도록 돕는 안내서입니다. 원작 이해를 돕기 위해 작가와 작품에 대한 배경지식, 그리고 매 장마다 간단한 '줄거리'와 '풀어보기'가 실려 있습니다. '줄거리'를 통해서는 원작의 내용을 명쾌하게 파악함으로써 독서의 즐거움을 느낄 수 있을 것입니다. '풀어보기'에는 원작에 담긴 문학적 경향, 등장인물의 심리상태, 시대상, 주제 등을 설명해 놓았습니다. 비판적 글읽기의 바탕이 되는 요소들이죠. 비판적 글읽기는 소설과 비소설 작품을 막론하고 책을 읽을 때 꼭 필요한 자질입니다.

그 밖에도 작품을 좀더 심오하게 분석할 수 있도록 '마무리 노트', 'Review' 등을 마련해 놓아 독자 여러분의 글읽기를 돕고 있습니다.

CliffsNotes에는 특히 관심을 갖고 읽어야 할 필수요소를 강조하기 위해 다음 네 가지 아이콘을 사용하고 있습니다.

 작품 속에 내재된 주제를 드러내줍니다.

 등장인물의 속내를 알 수 있도록 도와줍니다.

 배경, 분위기, 열정, 폭력, 풍자, 상징, 비극, 암시, 불가사의 등의 요소를 밝혀줍니다.

 단어와 문구의 미묘한 느낌을 감상할 수 있도록 해줍니다.

* 〈　〉는 장편소설, 중편소설, 논픽션, 시집. "　"는 수필집, 단편소설

● 일이관지(一以貫之) 논술 노트

권말에는 一以貫之 논술팀에서 작성한 논술 노트가 실려 있습니다. 원작을 우리의 삶과 연계시켜 비판적 사고와 논리적 글쓰기의 방향을 제시합니다.

● 실전 연습문제

실전 연습문제를 통해서는 원작을 바탕으로 출제 가능성이 높은 논점을 함께 숙고해 봅니다.

작가 노트

유년시절과 학업

조너선 스위프트Jonathan Swift는 어머니(애비게일)와 누나(제인)만 있는 가난한 집안에서 태어났다. 잉글랜드에서 명성 높은 성직자였던 아버지는 스위프트가 태어나기 7개월 전에 세상을 떠났다. 스위프트의 유년시절에 대해서는 별로 드러난 바가 없으며, 그나마 알려진 부분도 전기작가들 사이에서 의견이 분분하다. 모두가 동의하는 부분은 스위프트의 어머니가 남편이 죽자 자식들을 친척들에게 맡기고 잉글랜드의 레스터로 돌아가 버렸다는 사실이다. 그밖에 스위프트가 아기였을 때 유모가 그를 잉글랜드로 데려갔고, 그곳에서 3년을 보낸 후 다시 가족에게로 돌아갔다고 알려져 있기도 하다.

1673년, 스위프트는 킬케니 스쿨에 다니면서 독서와 문학을 즐겼고, 특히 언어에 뛰어난 소질을 보였다. 1682년, 트리니티 칼리지에 입학하여 특별 인정*으로 문학사를 취득했다. 1692년에는 옥스퍼드 대학교에서 문학석사 학위를 취득했고, 1702년에는 더블린 대학교에서 신학박사가 되었다.

---

* **특별 인정**: 학교에서 성적이 그리 뛰어나지 않았던 학생들을 위한 자격의 명칭.

경력

스위프트는 대략 1689년부터 1694년까지 잉글랜드 서리의 무어파크에서 윌리엄 템플 경의 비서로 일했다. 1694년에는 아일랜드 교회(영국 국교회)로부터 사제서임을 했고, 북아일랜드 벨파스트 인근 킬루트의 교구신부로 임명되었다. 1696년에는 다시 윌리엄 템플 밑에서 일했고, 템플이 세상을 떠나자 버클리 경의 개인사제가 되었다.

1700년, 스위프트는 아일랜드 라라코르의 교구사제가 되었고, 더블린의 성패트릭 성당 참사회원(성당의 명예성직자)으로 임명되었다. 1707년에는 아일랜드 교회의 밀사로 지명되었고, 1713년에는 더블린 성패트릭 성당의 주임사제가 되었다. 그는 성패트릭 성당의 주임사제로 임명되기 전후에도 시와 산문을 가리지 않고 여러 장르를 오가며 풍자적인 글을 썼으며, 다양한 형식으로 개인, 행동, 철학, 정치, 종교, 시민 등의 주제를 다루었다.

주요 작품

1696년부터 1699년까지는 주요 작품 두 편을 완성했다. 그 하나는 〈통 이야기 *Tale of a Tub*〉인데, 영국 국교회와 루터교회의 중간 입장을 옹호한 작품이다. 또 하나인 〈책들의 전쟁 Battle of the Books〉은 근대의 과학, 학문, 정치, 문학의 우월성을 주장한 근대인들보다 그리스 로마의 고전과 인문학이 더 우월하다고 믿는 고대인들을 옹호한 작품이다. 〈정신의 기계적인 움직임 The Mechanical Operation of the Spirit〉(1704)에서는 종교적 견해와 지식 습득, 특히 과학 지식을 풍자적으로 공격했다. 그런가 하면 〈그리스도교 폐지 반대론 Argument Against Abolishing Christianity〉에서는 심사법(Test Act)에 관한 의견을 피력했다. 심사법은 찰스 2세가 공직자들에게 교회보다 왕에게 충성할 것을 맹세하도록 요구한 법이다. 에스터 존슨과 레베카 딩글리에게 보낸 서간모음집 〈스텔라에게 쓴 일기 The Journal of Stella〉(1710-13)에는 "윈저의 예언 The Windsor Prophecy"이라는 시가 들어 있다. 이 시는 앤 여왕을 보좌하던 서머싯 공작부인의 됨됨이를 공격한 풍자시다. 서머싯 공작부인은 스위프트가 그녀의 가족을 깎아내리는 글을 썼다는 이유로 그의 뒤를 봐주지 않았다.

　　스위프트는 아일랜드 옹호자이기도 하다. 〈겸손한 제안 A Modest Proposal〉(1792)은 아일랜드에 타격을 입힌 영국의 무역관행에 관한 글로 일관된 풍자를 보여주는 매우 훌륭한 작품 가운데 하나다. 스위프트는 아일랜드가 내다 팔 수 있는 상품을 만드는 것을 영국이 법으로 금하고 있음을 직설적으로 주장하지 않았다. 그보다는 영국이 규제하지 않은 유일한 상품은 아일랜드 어린이들일 것이라고 꼬집고, 아일랜드 사람들은 영국인들로 인해 굶어죽는 식민지 국민이 되기보다는 도살당하는 소나 양이 되는 편이 나을 것이라고 주장했다. 〈드래피어의 편지 *The Drapier's Letters*〉(1724)는 영국이 아일랜드인들의 생활 면면을 지속적으로 탄압하는 것을 보고 쓴 작품이다. 〈드래피어의 편지〉가 너무나 큰 저항을 불러일으키자 영국은 작가의 이름을 알아내기 위해 3백 파운드의 현상금까지 내걸었다. 아일랜드인들은 작가가 스위프트인 것을 알고 있었지만 그를 배신하지 않았고 오히려 국가적 영웅으로 추대했다.

스위프트의 최고 걸작소설 〈걸리버 여행기 *Gulliver's Travels*〉(1726)는 인간의 본성에 내재한 나약함, 악함, 광기를 지적하며 인간의 모든 면을 풍자했다. 그의 풍자는 제4부의 후이늠(말)과 야후(인간과 비슷한 존재)를 비교하는 부분에서 극치를 이룬다.

1727년, 스위프트는 마지막으로 잉글랜드를 방문했다. 그는 1742년 금치산자 판정을 받았으며, 재산을 자선단체에 기부하고 1745년 10월 사망했다.

작품노트

집필동기

　　주어진 과제물을 준비하다가 걸작이 탄생하는 일은 드물다. 그런데 〈걸리버 여행기〉가 바로 그런 경우라고 할 수 있다. 알렉산더 포, 존 아버스넛, 존 게이 같은 유명작가들이 포함된 마티너스 스크리블러스 클럽은 학식 있고 과학적이며 근대적인 사람들의 광기와 부도덕함을 풍자해 보자고 제안했다. 각 회원에게는 주제가 하나씩 주어졌고, 스위프트의 과제는 바로 먼 나라 여행을 기록한 수많은 인기 서적들을 풍자하는 것이었다. 스크리블러스 클럽의 기획에서 시작해 〈걸리버 여행기〉가 출간되기까지는 10년이 걸렸지만 스위프트가 완성한 작품은 풍자문학의 걸작으로, 그리고 그 요약본은 어린이들의 고전으로 영원히 남게 되었다.

　　스위프트는 기행문 형식을 고수하면서도 더 큰 목표를 노렸다. 단순히 기행문학을 풍자하는 것이 아니라 인간의 가장 부도덕한 내면을 공격하기로 한 것이다. 그는 관념적인 것을 구체적으로 표현해내는 재능을 가지고 있었다. 그의 기발한 생각들은 기괴한 생물로 탈바꿈했고, 부조리한 관습은 부조리한 사물로 표현되었다. 우리게게 익숙한 것도 그의 손을 거치면 새롭고 놀라운 것으로 다시 태어났다.

줄거리

〈걸리버 여행기〉는 한 선박의 외과의사인 레뮤얼 걸리버가 여러 차례 여행을 떠나면서 겪게 되는 모험(실은 우여곡절) 이야기다. 걸리버는 원래 예정된 도착지로 가는 도중 계속되는 불운으로 미지의 섬들을 방문한다. 그곳에는 비정상적인 크기에 이상한 행동과 사고를 하는 사람들과 동물들이 살고 있다. 그러나 걸리버는 매번 여행이 끝날 때마다 영국으로 돌아올 수 있게 되고, 여행에서 겪은 이상한 일들에서 몸과 마음이 회복되면 다시 여행을 떠난다.

〈제1부〉

걸리버가 타고 여행하던 배가 폭풍우를 만나 난파되고, 걸리버는 릴리풋 섬으로 표류한다. 정신을 차린 걸리버는 릴리풋의 주민들이 자신을 묶어 놓은 것을 알게 된다. 주민들은 키가 대략 15센티미터밖에 되지 않는 아주 작은 인간들이다. 이 소인들은 걸리버에게 자비심과 관심을 보인다. 그 보답으로 걸리버도 바다 건너에 있는 적국인 블레푸스쿠 제국과의 분쟁을 비롯하여 소인들이 겪는 여러 가지 문제들을 해결하는 데 도움을 준다. 그러나 걸리버는 블레푸스쿠 제국을 식민지로 만들고자 하는 황제의 바람을 외면하고, 궁전에 화재가 났을 때 소변을 보았다는 이유로 총애를 잃고 만다. 걸리버는 블레푸스쿠로 망명하고, 떠내려온 보트를 건져서 고친 다음 그곳을 떠난다. 마침내 영국 상선에 구조된 걸리버는 영국의 집으로 돌아간다.

〈제2부〉

배를 타고 여행하던 의사 걸리버는 선원 몇 명과 함께 식수를 구해 오라는 명령을 받고 어떤 섬으로 보내진다. 알고 보니 그곳은 거인들의 나라였다. 선원들은 도망가고 걸리버만 남아 거인에게 잡히고 만다. 그 거인 농부는 걸리버를 자기 집으로 데려간다. 그곳에서 걸리버는 따뜻한 대접을 받는 한편, 호기심의 대상이 된다. 농부는 자신의 딸 글룸달클리치에게 걸리버를 맡긴다. 글룸달클리치는 걸리버를 정성껏 돌본다. 농부는 걸리버를 구경꾼들에게 보여주기 위해 전국을 순회하다가 결국 그를 왕비에게 팔게 된다. 궁정에서 걸리버는 왕을 만나고, 두 사람은 걸리버의 고향인 영국의 관습과 영국인들의 습성에 대해 많은 토론을 벌인다. 왕은 걸리버가 들려주는 영국의 이기주의와 졸렬함에 몹시 놀라고 실망한다. 이에 걸리버는 영국을 변호한다.

어느 날, 걸리버는 상자(이동식 거처) 안에서 바다를 하염없이 바라본다. 그때 독수리 한 마리가 상자를 낚아채서 바다 위에 떨어뜨린다. 그곳을 지나가던 배가 바다 위를 떠다니는 상자를 발견하고 걸리버를 구해 준다. 걸리버는 영국으로 돌아가 가족과 재회한다.

〈제3부〉

걸리버는 레반트로 향하는 배에 올라탄다. 그곳에 도착한 그는 범선의 선장으로 임명받아, 근처 섬을 다니면서 무역을 하라는 명령을 받는다. 여행중 해적들이 범선을 공격하고 걸리버를 작은 배에 태워 혼자 표류하게 한다. 바다 위를 헤매던 걸리버는 공중에 떠다니는 섬을 발견한다. 라퓨타라고 불리는 이 섬에 상륙한 걸리버는 왕을 포함하여 여러 주민들을 만난다. 이곳 사람들은 모두 수학이나 음악과 관련된 것에만 몰두해 있다. 또한 천문학자들은 자기장의 법칙을 이용해 섬을 상하좌우, 그리고 대각선 방향으로 움직인다. 걸리버는 라퓨타에 머물면서 인근의 섬들, 발니바비, 글룹둡드립, 루그낵을 방문한다. 마지막으로 그는 일본에 가서 일본 황제를 만난다. 그리고 일본에서 암스테르담을 경유해 마침내 고향 영국으로 돌아간다.

〈제4부〉

걸리버는 상선의 선장이 되어 바베이도스와 리워드 제도로 향한다. 그러나 여행 도중 일부 선원들이 병에 걸려 죽고 만다. 걸리버는 바베이도스에서 새로운 선원들을 고용하지만, 이 선원들은 해적으로 돌변해서 다른 선원들과 작당해 폭

동을 일으킨다. 결국 걸리버는 어떤 섬의 해변에 홀로 버려지
게 된다. 해변에 남겨진 걸리버는 이내 인간과 비슷하게 생긴
흉측하고 비열한 존재들과 맞닥뜨린다. 걸리버는 나중에 알게
되지만, 이 존재들은 야후라고 불린다. 야후들은 나무에 기어
올라가 오물을 던지며 걸리버를 공격한다. 걸리버는 어떤 말
이 나타나는 바람에 위기를 모면한다. 이 말이 후이늠이라는
것도 나중에 알게 된다. 회색 말(후이늠)은 걸리버를 자기 집
으로 데려가고, 그곳에서 회색 암말(회색 말의 아내)과 망아
지들(회색 말의 자식들), 그리고 갈색 조랑말(하인)을 만난다.
걸리버는 회색 말의 집에서 멀리 떨어진 우리에 야후들이 간
혀 있는 것을 알게 된다. 걸리버가 걸치고 있는 옷만 빼면 그
와 야후가 같은 종족임이 곧 밝혀진다. 이를 바탕으로 걸리버
와 그의 주인(회색 말)은 야후들의 진화와 걸리버가 대변하는
야후 사회의 화제, 개념, 행동, 그리고 후이늠의 사회에 대해
긴 토론을 벌인다.

걸리버는 회색 말의 집에서 훌륭한 대접을 받지만 왕국
의 의회는 걸리버도 야후이므로 야만적인 야후와 함께 살든지,
아니면 그의 세계로 돌아가야 한다고 결정한다. 걸리버는 슬
픔에 잠겨 후이늠 가족과 작별한다. 그는 작은 배를 만들어 근
처 섬으로 가고, 한 포르투갈 선박의 선원들이 그들을 피해 숨
어 있던 걸리버를 발견한다. 선장은 걸리버를 리스본까지 데
려다주고 자기 집에 머물게 한다. 걸리버는 문명화된 야후들

의 모습과 냄새가 너무 역겨워 가까이 하는 것조차 참을 수
없다. 그는 결국 영국에 있는 가족에게 돌아가기로 한다. 집에
도착한 후에도 야후인 가족에게 혐오감을 느낀다. 그는 가족
과 최대한 떨어져 지내기 위해 말 두 필을 사들여 하루 종일
마구간에서 말을 돌보고 그들과 이야기를 나누며 지낸다.

등장인물

레뮤얼 걸리버 *Lemuel Gulliver* 여행가이자 모험가. 〈걸리버 여행기〉의 주인공이다. 걸리버는 인간과는 다른 존재들과 그들의 문화를 관찰한다.

골바스토 모마렌 에블램 가딜로 셰핀 물리 울리 구 *Golbasto Momaren Evlame Gurdilo Shefin Mully Ully Gue* 릴리풋 제국의 황제. 작가는 황제를 어떤 결정을 내리려면 항상 누군가에게 의지해야 하는 통치자의 전형으로 삼았다.

플림냅 *Flimnap* 릴리풋 제국의 재정장관.

렐드레살 *Reldresal* 릴리풋 제국의 고문. 황제의 개인비서.

스카이레시 볼골람 *Skylesh Bolgolam* 릴리풋 제국의 해군제독. 황제의 고문.

슬라멕산과 트라멕산 *Slamecksan and Tramecksan* 릴리풋 제국의 정당들. 슬라멕산은 낮은 굽 지지자들을, 트라멕산은 높은 굽 지지자들을 나타낸다.

글룸달클리치 *Glumdalclitch* 브롭딩낵에서 만난 걸리버 주인의 딸. 걸리버의 보모이자 보호자다.

라퓨타의 왕 *The King of Laputa* 라퓨타 왕국의 지도자. 수학과 음악에 몰두해 있다.

계획자(교수) 아카데미 *The Academy Projectors (Professors)* 결과는 아랑곳 하지 않고 개혁을 구상하는 발니바비의 개혁자들.

무노디 *Munodi* 발니바비의 수도 라가도의 총독. 개혁자들에게 반대하는 전통주의자를 상징한다.

스트룰드부룩 *The Struldbruggs* 나이를 먹어도 죽지 않는 종족. 스트룰드부룩들은 영원히 죽지 않지만 불멸이 생각하는 것만큼 즐겁지 않다.

후이늠 *Houyhnhnms* 야후들의 주인으로 우월하고 완벽하게 이성적인 말들.

야후 *Yahoos* 후이늠들에게 예속된 혐오감을 주는 유인원 무리.

회색 말(주인) *The Grey Horse (The Master)* 후이늠의 나라에서 만난 걸리버의 주인.

등장인물 관계도

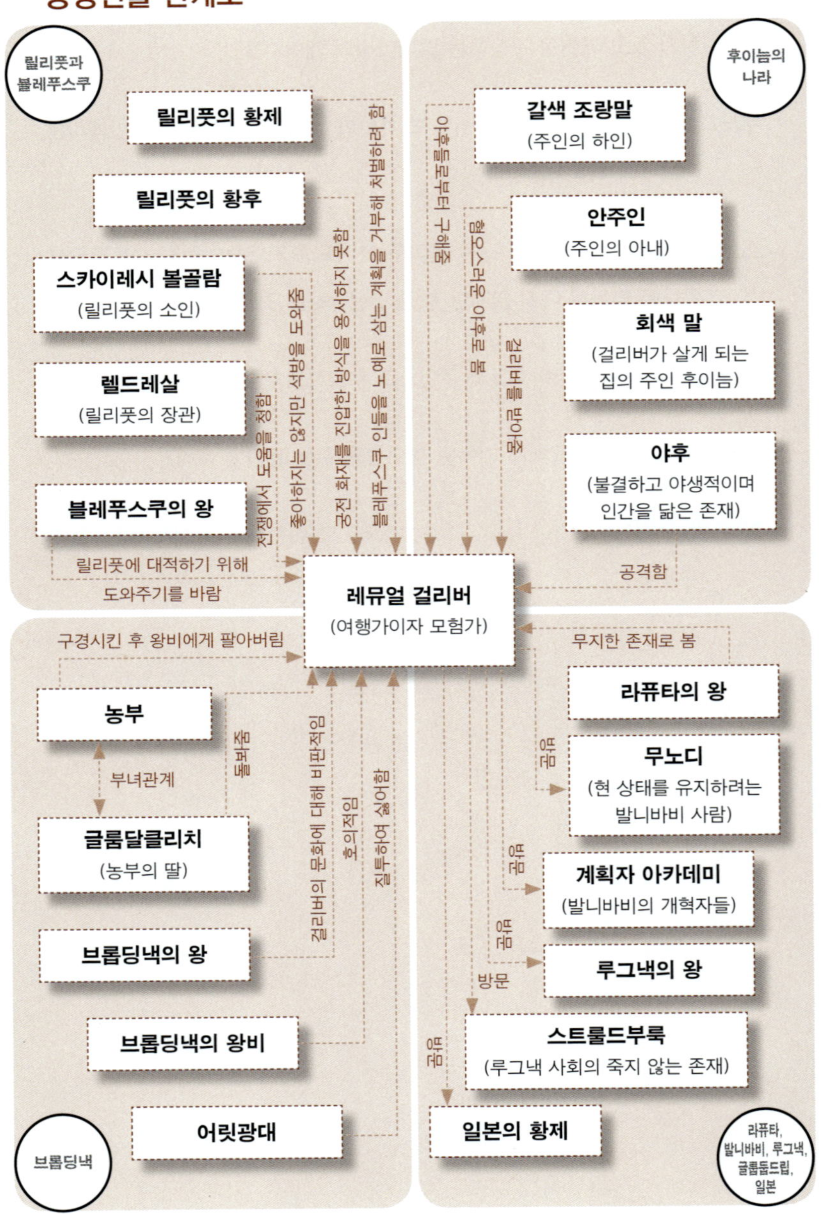

릴리풋과 블레푸스쿠
후이늠의 나라
릴리풋의 황제
릴리풋의 황후
스카이레시 볼골람
(릴리풋의 소인)
렐드레살
(릴리풋의 장관)
블레푸스쿠의 왕
갈색 조랑말
(주인의 하인)
안주인
(주인의 아내)
회색 말
(걸리버가 살게 되는 집의 주인 후이늠)
야후
(불결하고 야생적이며 인간을 닮은 존재)
레뮤얼 걸리버
(여행가이자 모험가)
전쟁에서 도움을 청함
좋아하지는 않지만 석방을 도와줌
궁전 화재를 진압한 방식을 용서하지 못함
블레푸스쿠 인들을 노예로 삼는 계획을 거부해 처벌하려 함
릴리풋에 대적하기 위해
도와주기를 바람
야후들로부터 구해줌
혐오스러운 야후로 봄
걸리버를 받아줌
공격함
구경시킨 후 왕비에게 팔아버림
무지한 존재로 봄
농부
부녀관계
돌봐줌
글룸달클리치
(농부의 딸)
브롭딩낵의 왕
브롭딩낵의 왕비
어릿광대
걸리버의 문화에 대해 비판적임
흥미적임
질투하여 싫어함
라퓨타의 왕
무노디
(현 상태를 유지하려는 발니바비 사람)
계획자 아카데미
(발니바비의 개혁자들)
루그낵의 왕
스트룰드부룩
(루그낵 사회의 죽지 않는 존재)
일본의 황제
만남
방문
브롭딩낵
라퓨타, 발니바비, 루그낵, 글룹둡드립, 일본

Chapter별
정리
노트

Chapter 1

 **걸리버, 릴리풋으로 표류하다**

걸리버는 외과의사로서 상선 앤틸로프 호를 타고 바다로 나간다. 거센 폭풍우가 몰아쳐 배는 좌초되고, 유일한 생존자 걸리버는 릴리풋이라는 가까운 섬으로 헤엄쳐간다. 고생 끝에 녹초가 된 걸리버는 잠에 빠져든다. 잠에서 깨어난 그는 15센티미터밖에 되지 않는 섬 주민들이 자신을 포로로 잡았다는 것을 깨닫는다. 섬 주민들은 걸리버를 살펴본 후 음식을

주고, 릴리풋 제국의 황제는 사용하지 않는 사원으로 걸리버를 옮기라고 백성들에게 명령한다. 그 사원만이 걸리버가 들어가 살 수 있을 만큼 넓기 때문이다.

인물 탐색 1장에서 작가는 걸리버의 성격을 규정한다. 이를 위해 독자에게 걸리버에 관해 자세하고 많은 정보를 준다. 누가 보아도 걸리버는 착하고 견실한, 그러나 상상력은 부족한 전형적인 영국인이다. 그는 소박하고 평범한 노팅엄셔에서 태어났다. 학교도 수준은 있으나 명문이라고 할 수는 없는 이마누엘 칼리지를 나왔다. 그가 살았던 올드 주리, 페터 레인, 워핑도 중하층 사람들이 사는 곳이다. 한 마디로 말해 <u>걸리버는 당시 중류층 영국인의 전형</u>이라고 할 수 있다.

게다가 이름만 보아도 짐작할 수 있듯이 걸리버*는 순진하다. 사람들이 하는 말을 그대로 믿는다. <u>그는 정직한 사람이고, 다른 사람들도 정직할 것이라 생각한다. 이런 그의 믿음은 해학과 풍자를 낳는다.</u> 독자는 걸리버의 이야기가 사실이라고 믿으면서도 그가 상황을 항상 정확하게 이해하는 것은 아니라는 것을 눈치챘다. 결국 매우 상세하면서도 진지하기

---

* 걸리버는 gullible(잘 속는)이라는 영어단어에서 따온 이름이다.

때문에 웃음을 자아내는 장면들이 계속 등장한다. 예를 들어, 걸리버는 세부적인 사실을 점차적으로 확인한 후에야 자신이 15센티미터의 소인들에게 포로로 잡혀 있다는 것을 깨닫는다.

자, 1장을 정치적 측면에서 바라보자. 걸리버는 텅빈 사원 안에 갇힌다. 이곳이 사용되지 않는 이유는, 유명한 살인사건이 발생했기 때문이다. 이 사원은 찰스 1세가 재판을 받고 사형선고를 받은 웨스트민스터 홀을 상징하는 것으로 보인다.

Chapter 2

 릴리풋 소인들을 만나다

　　2장에서는 제국의 황제와 걸리버가 서로 최대한 노력하며 대화를 나눈다. 황제가 돌아간 후 릴리풋의 소인 여섯 명이 걸리버에게 활을 쏜다. 걸리버는 그 소인들을 혼내주려고 잡아먹는 척하다가 놓아준다. 걸리버의 관용과 협력에 깊은 인상을 받은 각료들은 회의에서 걸리버를 풀어줄 것인지를 놓고 토론을 벌인다. 장교가 걸리버의 소지품 목록을 만든다. 소지품은 걸리버의 운명이 결정될 때까지 보관될 것이다.

　　걸리버가 릴리풋의 소인들을 인형에 비교하는 모습을 통해 작가는 소인들을 우스꽝스럽게 보이고자 했다. 인형처럼 작은 인간들이 진짜 인간처럼 으스대고 뽐내지만 독자는 이들을 진지하게 바라볼 수 없다. 너무 작아서 그들 자신이 생각하는 것만큼 위엄 있어 보이지 않는다. 그러나 걸리버는 독자와 생각이 다르다. 그는 릴리풋의 소인들, 그중에서도 특히 황제를 대단하게 여긴다. 걸리버가 황제의 모습을 어떻게 묘사하는지 보자. "두꺼운 아랫입술과 매부리코, 올리브색 피부, 곧은 용모를 가진 그는 강하고 남성적이었으며, 몸의 균형도 잘 잡혔고, 행동에는 기품이 넘쳤으며, 자태에는 위엄이 서려 있었다." 황제의 일거수일투족이 정중하고도 상세하게 묘사되어 있는 이 장면은 익살맞다.

작가와 동시대인들은 걸리버가 황제에게 느끼는 천진난만한 경외심을 보고 분명 재미있어 했을 것이다. 황제의 얼굴이 조지 1세의 모습과 닮았는데도 걸리버는 멋지다고 말하고 있기 때문이다. 사실 조지 1세는 뚱뚱하고 못생기기로 유명한 인물이었다. 2장에 나오는 또 하나의 정치적 상징은 걸리버의 주머니에서 나온 소지품을 기록한 목록이다. 평범하고 자주 쓰는 일상용품들이라도 크기가 엄청나게 커지면 알아보지 못하게 된다. 그래서 릴리풋의 소인들도 걸리버의 머리빗을 울타리로 생각한다. 여기에서 작가는 1715년 헐리와 볼링브룩*에게 불리하게 제시된 증거를 풍자하고 있다. 일부 휘그당원들이 갖은 수를 써서 두 피고들의 편지와 저서들의 내용을 반역으로 왜곡시켰던 것이다. 스위프트는 이것을 인정하지 않았고, 당파심이 인간의 마음을 어떻게 왜곡시킬 수 있는지 생생하게 보여주었다.

---

* **헐리와 볼링브룩**: 휘그당 당수인 로버트 월폴의 반대파.

Chapter 3

 ## 관직을 원하면 줄타기곡예에 능해야

릴리풋의 황제는 걸리버가 친절하고 협조적이어서 흡족해 한다. 그래서 그는 궁중오락으로 걸리버에게 보답한다. 그러나 그 궁중오락이라는 것이 독자가 예상하는 것과는 사뭇 다르다. 관직을 원하는 사람은 무엇보다 줄타기곡예에 얼마나 능한가를 증명하는 것이 릴리풋의 궁중관습이다. 지원자가 줄 위에서 얼마나 오랫동안, 그리고 얼마나 기교 있게 춤을 추느냐에 따라 관직에 머물 수 있느냐 없느냐가 정해진다. 지원자들 가운데 걸리버의 친구인 렐드레살과 재정장관 플림냅이 특히 뛰어난 기량을 보인다. 또 하나의 오락은 귀족들이 황제의 총애를 얻기 위해 봉을 놓고 아래로 기어가거나 위로 뛰어오르는 것이다. 이기면 여러 가지 색실을 상으로 받을 수 있는 묘기다. 한편 걸리버는 황제의 군대를 재정비한다. 그리고 소인국 군대가 행진할 때 양다리를 벌리고 서 있어준다.

걸리버가 협조한 덕분에 걸리버와 황제는 약정을 맺는다. 걸리버는 일정 조건 하에서 제한된 자유를 부여받는다. 그리고 조건을 준수하는 대가로 소인 1,728명분의 음식을 제공받기로 한다. 걸리버는 약정조항에 대해 엄숙히 선서하고 황제는 그를 풀어준다.

**주제
탐색** 봉 위로 뛰어오르기와 밑으로 기어가기 묘기는 어린아이들의 놀이처럼 천진난만해 보인다. 그러나 정치적으로 볼 때 이 놀이는 순진함과는 거리가 먼 뜻을 담고 있다. 황제를 즐겁게 해주기 위해 기어가기와 뛰어오르기를 하는 사람들은 파란색, 빨간색, 초록색 실을 상으로 받는다. 이 실은 바로 가터 훈장, 바스 훈장, 엉겅퀴 훈장을 상징한다. 조지 1세가 사회적 신분상승을 노리는 자들로부터 손쉽게 정치적 지원을 얻어내는 방편으로 이 훈장들을 이용했다. 스위프트는 정치인들이 훈장, 돈, 직함을 위해서라면 모욕적인 놀이에 참가해 스스로 타락하는 것도 서슴지 않는다는 점을 시사하고 있다.

스위프트가 최고의 줄타기곡예사 플림냅의 모델로 삼은 사람은 휘그당의 지도자 로버트 월폴이다. 월폴은 근대적 의미의 영국 초대총리로 책략이 뛰어난 정치가였다. 그는 1717년에 사임했으나 켄들 공작부인의 영향력 행사로 4년 후 복직했다. 켄들 공작부인은 월폴의 정부였는데, 플림냅이 줄에서 떨어졌을 때 밑에 놓여 있던 방석이 바로 켄들을 비유한 것이다. 월폴은 전쟁을 지향하지는 않았지만 휘그당의 호전적 성향을 이용해 권력을 유지했다. 그는 전시보다는 평화시에 영국이 더 발전하리라는 믿음을 가지고 있었다. 따라서 스위프트는 플림냅의 장기를 공중에서 재주넘기로 정한 것이다.

줄타기곡예의 2인자인 렐드레살은 타운센드 자작이나 카터릿 남작을 상징하는 것으로 보인다. 두 사람은 모두 월폴의 정치적 동맹자였다.

걸리버가 서명한 약정서 조항들은 릴리풋의 정치를 영국의 정치와 비교한 것이다. 첫 4개 조항은 과거 영국 왕의 처지와 유사하다. 과거에 영국 왕은 허가 없이 영국을 떠나거나 런던으로 들어올 수 없던 적이 있었다. 그리고 왕의 칙령은 왕실의 영토와 도로에서만 유효했다. 스위프트는 점잖은 걸리버를 근대 영국 왕들과 비교해서 전통적 덕과 근대의 타락을 대비하려 했다고 볼 수 있다.

걸리버가 터무니없고 복잡한 방법으로 조항을 지키겠다는 맹세를 한 것은 휘그당이 실시한 정책의 이면, 즉 비열하고 성가신 관료주의를 표현한다. 휘그당은 토리당이 성공시킨 위트레흐트 평화조약을 비방했다. 왕이 규정에 맞게 문서에 서명하지 않았기 때문에 무효라는 것이 그 이유였다. 릴리풋 궁정에 나간 걸리버는 힘들게 왼손으로 오른발을 잡은 상태에서 오른손 중지를 이마에 대고, 다시 오른손 엄지손가락을 귀 윗부분에 대고 선다. 약정서에 조인할 수 있는 방법은 이것뿐이다. 엄지손가락을 귀 윗부분에 정확히 대지 못하면 그의 맹세는 법적으로 문제가 될 수 있다.

Chapter 4

: 줄거리

달걀 분쟁

걸리버가 밀덴도에 있는 황제의 궁을 방문하고 난 후, 황제의 개인 비서 렐드레살이 걸리버를 찾아온다. 그는 걸리버에게 높은 굽 당과 낮은 굽 당 간의 당파싸움에 대해 알려준다. 분쟁은 종교적 문제에서 비롯되었다고 한다. 신자들은 달걀을 어느 쪽으로 깨뜨려야 하는가? 뭉툭한 쪽인가, 아니면 갸름한 쪽인가? 적국인 블레푸스쿠 제국 사람들은 옛 방식대로 달걀을 뭉툭한 쪽으로 깬다. 그러나 릴리풋 사람들은 황제의 칙령으로 갸름한 쪽으로 달걀을 깨뜨려야 한다. 렐드레살은 릴리풋에 반역자들이 있으며, 뭉툭한 쪽 지지자들 1만 1천 명이 이미 사형에 처해졌고, 나머지는 블레푸스쿠 왕궁으로 망명했다고 말한다. 그는 릴리풋이 전쟁에서 전함 40척을 잃었다고 덧붙인다. 그 난관을 헤쳐 나갈 방법은 없어 보인다. 이들이 믿는 종교의 예언가 러스트로그는 "믿음이 진실한 자는 자신이 편한 쪽으로 달걀을 깨뜨려야 한다"고 말했기 때문이다.

: 풀어보기

걸리버가 밀덴도를 묘사하는 장면에서 스위프트는 릴리풋 소인들의 허영심을 다시 한 번 풍자한다. 예를 들어, 소인들은 자신들의 수도를 거대도시라고 부른다. 걸리버는 도시의 크기가 500평방미터에 불과하다고 말하면서도 소인들을 비웃지는 않는다. 오히려 그는 소인들이 스스로를 대단하게 여기는 태도를 받아들인다. 결국 작가는 소인들의 관점을 수긍하는 걸리버의 순진함과 걸리버가 묘사하는 실제 모습을 다시 한 번 극명하게 대비시키고 있다.

주제탐색 그밖에도 스위프트는 걸리버의 무덤덤한 어투를 통해 종교전쟁을 비웃는다. 정치적으로 볼 때 블레푸스쿠는 프랑스를, 릴리풋은 영국을 상징한다. 달걀을 어느 쪽으로 깨야 하느냐는 종교적 문제로 블레푸스쿠와 릴리풋이 벌이는 전쟁은 구교도인 프랑스와 신교도인 영국이 벌인 기나긴 전쟁을 상징한다. 달걀 깨뜨리기는 성사(聖事)의 성격에 관한 분쟁을 말하기도 하며, 성찬식에서 가톨릭교회와 영국 국교회가 갖는 차이점을 의미하기도 한다. 영국 국교회 신자들은 빵과 포도주로 성체를 받는 반면, 로마 가톨릭교회 신자들은 빵만으로 성체를 받았다. 물론 프랑스와 영국이 영토와 전리품을 얻기 위해서 전쟁을 벌였던 것도 사실이지만, 스위프트는 상징에 대한 교회 간의 견해 차이를 언급함으로써 종교전쟁의 부조리함을 강조하고자 했다.

달걀을 깨뜨리다가 손가락이 잘린 릴리풋 황제의 조부는 헨리 8세를 상징한다. 헨리 8세는 교황의 권위 문제와 앤 볼린이라는 궁녀와의 관계 때문에 로마 교회와 결별했다. 따라서 뭉툭한 쪽 지지자들은 구교도를, 갸름한 쪽 지지자들은 신교도를 말한다. 내란으로 목숨을 잃었다는 황제는 찰스 1세를 가리킨다. 찰스 1세는 로드 대주교를 지지했고 로마 가톨릭교회를 옹호했다는 비난을 받았다. 왕위를 찬탈당한 황제는 제임스 2세다. 그는 로마 교회에 일정 수준의 권리를 돌려주려고 했다. 그는 가톨릭교도인 장교들이 지휘하는 상비군을 만들려고도 했다. 1688년, 그는 결국 영국에서 추방당했다.

스위프트는 또한 릴리풋과 블레푸스쿠가 벌이는 어리석은 종교전쟁과 유럽의 정치상황을 비교한다. 릴리풋에 존재하는 두 개의 정당은 영국의 정당들로, 높은 굽 당은 토리당을, 낮은 굽 당은 휘그당을 말한다. 영국 왕은 휘그당에 호의적이었다. 그는 프랑스에 맞서기 위해 휘그당이 하노버 왕가를 지지하도록 했고, 휘그당원들을 공직에 임명하여 하원에 대한 자신의 입지를 강화시켰다. 결국 낮은 굽을 신고 있는 릴리풋의 황제는 영국 왕을 가리킨다. 후에 조지 2세가 되는 웨일즈 공은 왕의 신임을 받지 못한 휘그당원들과 토리당원들을 모두 가까이 했다. 마치 한 쪽에는 높은 굽을, 다른 쪽에는 낮은 굽의 신발을 신어 걸을 때면 비틀거리는 릴리풋의 왕자처럼.

Chapter 5

소변으로 화재를 진압하다

걸리버는 블레푸스쿠의 전함들을 릴리풋으로 끌어당겨서 블레푸스쿠의 침략으로부터 릴리풋을 구한다. 그 보답으로 릴리풋의 황제는 걸리버에게 나르닥이라는 작위를 내린다. 걸리버는 작위를 갖게 되어 기뻤으나 황제의 속셈에 넘어가지는 않는다. 그는 블레푸스쿠 제국을 완전히 파괴하려는 황제의 계획을 거부하고 합리적인 평화조약을 체결하라고 주장한다. 블레푸스쿠의 문제에 대해 걸리버가 온건한 태도를 보이자 플림냅과 스카이레시 볼골람은 그를 비방할 기회를 잡는다. 황제는 이들의 비방을 듣고 걸리버에게 블레푸스쿠를 방문해도 좋다는 승인을 내릴 때 차갑게 대한다. 이후 궁에 화재가 발생하고, 걸리버는 소변으로 화재를 진압한다. 그러나 궁중에서 소변보는 자를 처벌하는 법이 있었고, 황후도 걸리버가 불 끄는 방법을 보고 경악한 나머지 그를 절대 용서하지 않는다. 그러나 황제는 마음을 누그러뜨리고 걸리버의 죄에 대한 사면을 약속한다.

이 부분에서 스위프트는 스페인 왕위계승전쟁을 풍자하고 있다. 휘그당은 프랑스와 스페인의 로마 가톨릭교회 지

도자들과 전쟁을 벌이고 있었다. 종교적 명분이 있긴 했으나 이 전쟁은 아메리카 대륙의 식민지에 대한 무역독점권 문제도 내포하고 있었다. 헐리와 볼링브룩이 이끌던 토리당은 프랑스와 합리적인 평화조약을 체결하는 데 뜻을 품고 있던 와중에 권력을 쥐게 되자 즉각 프랑스와 협상에 들어갔다. 그 결과 1713년 위트레흐트에서 평화조약이 조인되었다. 토리당은 자신들의 해군정책으로 스페인 무적함대를 무찔렀다고 주장했다. 휘그당은 그것이 못마땅해, 대륙에서 말보로 장군이 이끈 보병부대가 평화를 가져왔다고 주장했다. 게다가 평화조약 조인 후 프랑스와 스페인으로부터 식민지와 항구를 빼앗지 못했다는 이유로 토리당을 반역죄로 기소했다.

　　화재진압 이야기는 〈통 이야기〉를 염두에 둔 것으로 보인다. 스위프트는 청교도와 로마 가톨릭교도들로부터 영국 국교회를 옹호하기 위해 이 책을 썼다. 이 책은 풍자적이며 적나라하다. 앤 여왕은 스위프트의 적나라함을 몹시 불쾌하게 여겼다고 전해진다. 이 때문에 여왕은 스위프트의 친구들이 그를 영국의 참사회장이나 주교로 임명하자고 제안했을 때 거부했다.

Chapter 6

 **릴리풋 제국의 법**

걸리버는 독자들에게 릴리풋의 문화와 소인들로부터 받은 대접에 대해 전한다. 릴리풋의 법체계에서는 반역죄가 엄중하게 처벌된다고 말한다. 이는 그리 놀라운 일이 아니지만 다른 법들은 꽤 특이하다. 이들의 법은 재판에서 패한 고소인을 반역자와 마찬가지로 엄하게 처벌한다. 사기죄는 사형으로 다스리는 경우가 빈번하고, 혐의를 벗은 무고한 피고인은 보상을 받는다. 흥미롭게도 배은망덕한 사람은 사형감이다. 똑똑한 사람보다는 도덕적인 사람이 고위직에 임명되고, 무신론자는 모든 공직에서 배제된다. 이렇게 훌륭한 법과 줄타기곡예 같은 부패의 공존이 분명 모순이라고 설명하는 걸리버는 현 황제의 조부가 줄타기곡예를 제도화했다고 말한다.

릴리풋 소인들은 부모가 자식 사랑보다는 성적 욕망 때문에 결혼한다고 믿는다. 그래서 부모자식 간의 의무를 부정하고 아이들을 위한 공립학교를 세운다. 학부모는 돈을 내야 하고, 아이들을 부양해야 한다. 귀족가문 자제들이 다니는 학교는 스파르타식이며 학생들은 명예, 정의, 용기, 겸손, 관용, 종교, 애국심을 배운다. 상인과 평민 자녀들을 위한 학교는 귀족학교와 같지만 학습기간이 더 짧다. 릴리풋 소인들은 여성이 합리적이고 유쾌하며 교양을 갖추도록 교육한다. 노동자와 농부의 자녀들은 교육을 받지 않는다.

걸리버는 자기 얘기로 돌아와 황제와 그의 일가가 방문했던 일을 언급한다. 황제와 그 가족들은 걸리버와 함께 저녁식사를 하기로 하고 그 자리에 플림냅을 대동한다. 식사는 엉망이 되고 만다. 재정장관인 플림냅이 걸리버를 먹이고 재워주는 데 드는 비용을 계산하며 경악하기 때문이다. 플림냅은 한술 더 떠서 자기 아내가 걸리버에게 매력을 느끼고 몰래 만나러 다녔다고 주장한다.

걸리버는 릴리풋의 법과 관습에 대해 알려준다. <u>스위프트는 이를 통해 이상향에 가까운 사회를 그리고 있다.</u> 그는 플라톤의 〈국가 *Republic*〉와 모어의 〈유토피아 *Utopia*〉 같은 정치 이론들을 차용했다. 또한 동시대의 정치 개혁가들과 팸플리티어*들의 제안을 다수 취합했다. 스위프트의 제안들은 시민들에게 도덕심을 일깨워주고 강화하는 것이 목적이었다.

플림냅이 걸리버를 비방한 것은 재커바이트**였던 애터버리 주교가 1723년에 반역죄로 재판 받았던 일을 연상시킨다. 걸리버와 플림냅의 아내 사이의 관계에 대한 의혹은 월폴을 염두에 둔 것으로 생각된다. 월폴의 첫 부인 캐서린 쇼터

---

* **팸플리티어**: 팸플릿을 이용해 대중을 설득하는 사람.

** **재커바이트**(Jacobite): 명예혁명(1688) 후 망명한 스튜어트 가의 제임스 2세와 그 자손을 정통 영국 군주로서 지지한 정치세력.

의 행실에 대한 추문이 돌았을 때 월폴은 전혀 걱정하지 않았다. 플림냅이 질투심 때문에 명예를 잃었다면, 월폴은 자만했기 때문에 명예를 잃었다. 비평가들이 정확히 비교한 것이라면 스위프트는 평상심을 잃은 것이다. 월폴이 소문을 부인하거나 부인하지 않았거나에 상관없이 그를 비난하고 있기 때문이다. 또한 스위프트는 정치가들이 성급하게 비난을 남발하는 부조리함을 지적하고 있다. 걸리버는 몸집이 플림냅의 부인보다 훨씬 크기 때문에 그녀가 부정을 저질렀을 리 없다.

Chapter 7

반역죄를 뒤집어쓴 걸리버

걸리버는 플림냅과 스카이레시 볼골람을 비롯한 소인들이 자기를 반역으로 모는 고소장을 승인했다는 소식을 듣는다. 그의 죄목에는 궁중의 화재를 진압했다는 것, 블레푸스쿠 제국을 초토화하라는 명령을 거부한 것, 블레푸스쿠에서 온 평화사절과 대화를 나누었다는 것, 블레푸스쿠 제국을 방문해도 좋다는 황제의 허락을 이용하려 했다는 점이다. 황제는 고소를 받아들이지만 걸리버를 죽이는 것은 거부한다. 대신 그는 자비롭게도 걸리버의 눈을 멀게 하고, 천천히 굶어죽게 만들어 그의 생계 유지비를 절약하기로 결정한다. 이 소식을 들은 걸리버는 블레푸스쿠 제국으로 도망친다.

걸리버를 고발하는 황제의 각료회의는 토리당을 고소한 조사위원회를 상징한다. 이 고소 때문에 헐리와 볼링브룩은 반역죄로 재판에 회부될 위기에 처했다. 궁중에서 소변을 봤다는 고소장 제1항은 토리당이 로마 가톨릭교회와 긴밀한 관계를 유지한다는 소문을 언급하는 것일 수 있다. 또한 헐리와 볼링브룩이 조국을 배반하면서 영국 협상가들의 전략을 비밀리에 프랑스 협상가들에게 알려주었다는 비난을 나타내기도 한다. 제2항은 전쟁수행을 거부하고 합리적인 평화조약을 이끌어내려고 한 토리당을 공공연히 공격한 것을 가리킨다. 제3항은 헐리와 볼링브룩이 프랑스 협상가들과 은밀히 서신을 교환했다고 비난한 것을 말한다. 제4항은 반역죄가 밝혀지면 헐리와 볼링브룩이 프랑스로 망명할 속셈이었음을 비난한 내용을 뜻한다.

스위프트는 여기서 영국 정치가들이 잔인하고 믿을 수 없는 사람들임을 보여주고자 했다. 그는 릴리풋 소인들이 걸리버의 목숨을 빼앗기 위해 사용하기로 한 비인간적이고 잔인한 방법을 묘사한 다음, 왕들의 자비, 예의, 관용, 정의를 반어적으로 언급했다. 잔인한 릴리풋 황제는 걸리버의 눈을 멀게 하고 굶겨 죽일 계획을 세우는데, 이 계획은 조지 2세가 구속된 재커바이트들을 다루었던 방법을 직접적으로 가리킨다. 조지 2세는 하원으로부터 가장 자비롭고 관대한 왕이라는 칭송을 들은 후 재커바이트들을 사형시켰다.

Chapter 8

집으로

블레푸스쿠 제국에 도착한 지 며칠이 지난 후, 걸리버는 해안에서 큰 보트가 뒤집힌 채 떠다니는 광경을 목격하고 항구로 보트를 끌어온다. 걸리버가 고향으로 돌아가기 위해 보트를 보수하는 동안, 릴리풋 특사는 걸리버를 반역자로 송환시킬 것을 요구하는 서신을 전한다. 블레푸스쿠 제국의 황제는 걸리버가 머물면서 두 나라의 전쟁을 막아주기를 바라며 그

의 송환을 거부한다. 걸리버는 황제의 제안을 거절하고 고향을 향해 닻을 올린다. 우연히 영국 상선이 그를 구해 영국으로 데려다주어 걸리버는 아내와 가족을 다시 만난다.

걸리버가 블레푸스쿠 제국으로 망명한 것은 볼링브룩이 휘그당의 반역죄 기소를 피하기 위해 프랑스로 망명한 것을 연상시킨다. 7장에서 걸리버가 릴리풋의 수도를 공격해 파괴할까, 하는 생각을 품은 것도 볼링브룩과 관련이 있다. 볼링브룩과 헐리의 지지자들은 이들이 실제로 반역을 생각했다면 성공을 거둘 수 있었다고 주장했다. 릴리풋 소인들의 불타는 복수심과 블레푸스쿠 제국에 대한 걸리버 인도 요구는 영국이 프랑스로 망명한 재커바이트들에 대해 항의한 것과 일치한다. 제1부 마지막 부분에서 스위프트는 어리숙하다 할지라도 평범한 인간과 작지만 교활한 정치가를 기발하면서도 구체적이고 상세한 방법으로 비교했다. 정치가는 걸리버에 비하면 항상 작게 그려졌다. 스위프트는 명예, 감사, 상식, 친절을 중요시하는 사람은 보통 사람이라는 점을 분명히 했다. 비교는 이것으로 끝나지 않는다. 정치가는 도덕적인 사람과 비교하면 소인이다. 이제 스위프트는 순진한 걸리버를 실제로 도덕성이 통하는 왕국으로 여행을 보내려고 한다. 소인국에서

는 평범한 인간이 정치가보다 컸지만 이 왕국에서는 도덕적인
주민들이 평범한 인간보다 크다.

Chapter 1

: 줄거리

또다시 바다로

걸리버와 어드벤처 호의 선원들이 수라트로 항해를 떠난 것은 걸리버가 집에 돌아온 지 겨우 두 달이 지나서였다. 폭풍우가 몰아쳐 배는 항로에서 크게 이탈한다. 마침내 육지를 발견하자 선장은 걸리버와 선원들을 정찰하도록 내보낸다. 선원들이 식수를 찾는 동안 걸리버는 섬 반대편을 탐사한다. 선원들은 거대한 괴물들에게 공격당한다. 거대한 괴물들은 선원들을 바다로 몰아 배로 돌아가게 한다. 낯선 땅의 해안을 조사하던 걸리버는 혼자 남겨진다. 결국 걸리버는 거대한 괴물들에게 발견되는데, 사실 이 괴물들은 거대한 인간들이다. 거인들은 자상하고 호기심이 많다. 거인들 가운데 농부가 걸리버를 자기 농장으로 데려가고, 농부의 다정한 가족이 그를 맞아준다.

: 풀어보기

걸리버가 브롭딩낵에 가게 되자 스위프트는 가장 먼저 크기를 정한다. 이제 상황은 역전되었다. 릴리풋의 소인들은 걸리버의 12분의 1에 지나지 않았지만 이제는 걸리버가 소인이 된 것이다. 브롭딩낵에 사는 거인들이 걸리버보다 12배나 더 크기 때문이다. 크기가 변한 것 이외에 스위프트는 관점에도 변화를 준다. 소인들과 살 때 걸리버는 소인들을 작은 인간이라고 칭했다. 그런데 걸리버를 잡은 브롭딩낵의 거인들은 그를 작은 인간이나 작은 브롭딩낵 사람이라고 생각하지 않는다. 걸리버가 처음으로 사귄 브롭딩낵 거인들은 그를 족제비나 위험하고 혐오스러운 벌레로 취급한다. 따라서 독자는 과거를 돌이켜보면서 걸리버가 생각보다 훨씬 더 인간적이라고 느끼게 된다. 걸리버는 소인들이 아무리 혐오스러운 행동을 해도 그들을 곤충이나 벌레로 취급하지 않았다. 브롭딩낵 거인들은 그것과 대조를 이룬다. 거인들은 걸리버를 좋아하긴 해도 인간으로 생각하지 않는다. 그들에게 걸리버는 장난감이나 특이한 애완동물일 뿐이다.

브롭딩낵 거인들이 걸리버를 인간으로 보지 않은 것은 사실이지만 그렇다고 그 한 가지 점만 가지고 이들을 비난할 수는 없다. 이들은 도덕적인 사람들이고, 걸리버도 이들의 도덕심을 증명하는 사례를 반복해서 보여줄 것이다. 그러나 동시에 걸리버는, 거인들이 희한한 종족임을 독자들로 하여금 잊지 않게 해준다. 걸리버는 거인들의 법을 경탄해마지 않으면서도, 거인들이 속살을 훤히 내보이는 것을 견디지 못한다. 그는 거인들의 겉모습에서 느끼는 역겨움을 상세하

게 기록한다. 그들의 커다란 땀구멍과 점, 헝클어진 머리카락을 도저히 그냥 봐주거나 잊을 수 없기 때문이다. 그런데 생각해 보면 만약 인형처럼 작은 사람의 눈에 비춰 본다면 우리의 육체도 혐오스러울 수 있다. 어쨌든 거인들도 살덩어리고, 우리 인간들도 살덩어리다. 독자와 걸리버는 브롭딩낵의 거인들에 대해 바로 이런 유대감을 공유하게 된다. 거인들은 긍정적인 인종이다. 그러나 우리가 거인들의 훌륭한 도덕심을 따라갈 수는 없지만 어떤 규범들은 우리가 더 나을 수도 있다.

Chapter 2

글룸달클리치와의 만남

농부의 가족 중 딸이 걸리버를 보고 가장 신기해 한다. 딸에게 걸리버는 걷고 말하는 인형과 같다. 딸은 걸리버 돌보는 일을 즐기고, 그릴드릭이라는 새 이름도 지어준다. 딸이 걸리버를 극진히 돌봐주자 걸리버는 그녀를 글룸달클리치(보모)라고 부른다. 걸리버가 농부의 집에 살고 있다는 소식은 빠르게 퍼지고 그를 구경하려고 사람들이 찾아온다. 한 신사의 권유로 농부는 걸리버를 시장에 데려가 사람들이 (돈을 내고) 볼 수 있도록 전시한다. 그것이 성공을 거두자 농부는 걸리버를 데리고 수도 로브룰그루드를 포함하여 왕국 전역에서 순회공연을 하기로 한다. 수도에서 걸리버는 구경꾼들을 위해 하루에 10차례씩 공연을 한다. 걸리버는 공연을 너무 많이 해서 극심한 피로에 시달린다.

2장에서 스위프트는 거인들의 친절하고 예의바른 모습을 보여준다. 이는 꽤 미묘한 작업이다. 겉으로 보기에 걸리버는 분명 학대를 받고 있지만 농부는 그를 잘 돌보고 그 또한 농부를 각별히 좋아하기 때문이다. 사실 농부는 지각없는 행동으로 걸리버를 곤혹스럽게 만든다. 하지만 (릴리풋 소인들이 그랬던 것과는 달리) 농부는 걸리버에게 한 번도 잔인하거나 심술궂게 대한 적은 없다. 브롭딩낵의 보통 거인들은 심술궂지 않다. 어린이들과 불구자들만이 그런 성향을 갖고 있다. 거인들은 완벽하지 않고, 그런 모습은 우리 인간을 닮았다. 아무리 훌륭한 인간일지라도 지각없고 인색하게 구는 때가 있고, 보통 사람들도 릴리풋 소인들처럼 심술을 부리는 때가 있지 않은가.

이 부분에 등장하는 정치적 언급이 흥미롭다. 걸리버는 영국 왕도 외국에 나가면 고립감과 이질감을 느낄 것이라고 말한다. 이 말은 조지 1세를 염두에 둔 것이다. 영국인들 가운데 특히 토리당원들은 조지 1세가 독일 출신이라는 점을 이용했다.

Chapter 3

 걸리버, 왕궁에 들어가다

왕비가 농부와 걸리버를 만나겠다고 청해 오고, 걸리버는 왕비를 위해 훌륭하고 예의바르게 공연을 펼친다. 신기한 작은 인간에게 끌린 왕비는 농부에게서 걸리버를 사들인다. 이 거래에는 농부의 딸 글룸달클리치도 포함되어 글룸달클리치는 이제 걸리버의 보모로서 내궁의 일원이 된다. 왕과 담소를 나누는 걸리버는 영국의 관습과 정치에 관해 말해 준다. 왕은 재미있어 하며 작은 벌레(인간)들의 난폭함을 비웃는다. 걸리버는 왕의 견해에 감히 반박하지 못한다. 아니나 다를까 걸리버는 머지않아 자기 주인의 견해에 동조하게 된다.

왕과 왕비는 걸리버를 보고 즐거워하는 반면 즐겁지 않은 왕실의 측근이 한 명 있다. 그는 바로 왕비의 어릿광대인 난쟁이로 걸리버가 왕비의 사랑을 자기 대신 독차지하자 질투심을 느낀다.

거인들은 걸리버가 크기는 작지만 브롭딩낵 사람들과 같은 인간이라는 것을 받아들이지 못한다. 스위프트는 이를 독자에게 상기시켜 거인들을 이상적으로 생각하는 것을 막고

있다. 걸리버는 항상 릴리풋의 소인들을 작은 인간이라고 여겼다. 그러나 브롭딩낵 거인들은 그렇지 않다. 걸리버에게 호감을 갖고 있는 왕마저도 걸리버를 쥐나 태엽장치로 만든 기계라고 생각한다.

왕은 걸리버와 영국인들을 비웃는다. 영국인들에게 비호의적인 왕은 스위프트의 대변인이 되어 작가가 갖고 있는 불만을 대신 말해 주는 역할을 한다. 스위프트는 영국인들이 모순적이라고 역설한다. 영국인들은 '사랑하고 싸우고 다투고 속이며 배신'한다. 그런데 브롭딩낵 거인들은 대부분 그렇지 않다. 흥미로운 점은 브롭딩낵에서 유일한 악당이 바로 왕비의 어릿광대라는 것이다. 이 어릿광대는 난쟁이라서 육체적으로도 작을 뿐만 아니라 브롭딩낵 거인들의 덕성도 갖추지 못한 인물이다. 그는 걸리버를 뼈 구멍 속에 처넣는가 하면 크림이 든 은접시에 빠뜨리기도 한다.

왕은 인간의 허영심도 비웃는다. 이 부분에서 우리는 다시 한 번 우리가 갖고 있는 관점을 돌이켜 보게 된다. 제1부에서 우리는 덩치가 큰 걸리버의 입장에서, 인간의 태도와 자만심을 똑같이 지닌 릴리풋의 소인들을 보았다. 그런데 이제는 걸리버처럼 우리도 작아져서 도덕적인 거인이 인간의 자만과 허영을 비웃는 소리를 듣게 된다. 걸리버는 왕의 판단에 동조한다. 사실, 수긍하지 않는다면 그것은 진정한 자존심이 아닐 것이다. 왕은 걸리버와 우리에게 이미 잘 알고 있는 것을 말해 주었을 뿐이다. 지나친 자존심은 피해를 가져온다는 것이다. 그러나 걸리버의 순진한 성격은 변하지 않는다. 왕의 관점에 동조하는 모습은 그가 브롭딩낵 거인들처럼 세상을 바라보기 시작했음을 알려준다.

Chapter 4

브롭딩낵 왕국을 여행하다

왕과 왕비는 전국을 여행하기로 하고 걸리버를 데려가기로 한다. 걸리버는 섬과 섬 주변의 바다, 수도인 로브룰그루드, 왕궁, 자신의 섬 여행 방식, 섬의 원주민들, 섬의 볼거리들에 대해 묘사한다. 섬의 원주민들을 묘사할 때는 이들이 앓고 있는 질병에 초점을 맞춘다. 예를 들어, 심한 기형인데다가 온몸에 이가 득실대는 거인 거지들을 언급한다. 걸리버는 섬의 풍경을 그것과 비슷한 고향풍경과 비교한다. 마지막으로 왕궁의 크기와 특별히 관심을 끈 부엌을 묘사한다.

4장에서 걸리버가 꼼꼼히 열거하는 치수와 크기들은 그가 얼마나 작은가를 대비해 보여준다. 예를 들어 사원을 묘사하는 부분은 크기와 도덕심은 비례한다는 생각을 확고히 하고 있다. 또한 스위프트는 다시 한 번 인간의 살덩어리를 확대해서 보여준다. 걸리버는 흉측한 종양과 혹을 달고 있는 사람들을 보고 다음과 같이 말한다. "그러나 가장 혐오스러웠던 것은 옷에 기어다니는 이였다. 이의 다리를 선명하게 볼 수 있었다.” 여기서 의사인 걸리버의 관심이 드러난다. 이 해충들을 박멸하면 좋겠다고 했기 때문이다. 그러나 걸리버는 “그 광경은 너무나 역겨워서 속을 완전히 뒤집어 놓았다”고 덧붙였다. 거인 거지들의 모습에서 느끼는 역겨움보다 그 거대한 몸을 기어다니는 이들이 더 역겹다는 것이다. 여기서 얻을 수 있는 교훈은 거인 거지들의 몸이 혐오감을 불러일으킬 수도 있으나 작은 해충(인간)은 더 혐오스럽다는 것이다.

Chapter 5

 걸리버의 수난

걸리버의 수난은 계속된다. 왕비의 어릿광대가 걸리버에게 큰 통만한 사과를 던진다. 테니스 공만큼 큰 우박이 떨어져 온몸에 멍이 드는가 하면 새에게 잡힐 뻔한다. 어떤 애완견이 그를 물어 왕실의 정원사에게 데려가기도 한다. 또한 궁녀들이 그를 아기처럼 돌보고 장난치려고 들어 모욕감을 느낀다. 궁녀들에게 걸리버는 사람이 아니라 장난감에 불과하다. 그래서 창피한 것도 모르고 걸리버 앞에서 옷을 다 벗어 버리자 그는 거부감을 느낀다. 또한 걸리버는 궁녀들이 자신을 발가벗긴 채 몸 위에 올려놓고 간지럼을 타자 매우 불쾌해 한다.

걸리버가 선원이므로 왕비는 그를 위해 제작된 장난감 배와 배를 띄울 설거지통을 마련한다. 왕실 귀부인들도 놀이에 참여해 부채로 센 바람을 불어준다. 개구리 한 마리가 설거지통에 뛰어들어와 걸리버의 배를 집어삼키려는 사고가 일어나지만 걸리버는 노를 이용해 용감하게 이 짐승을 물리친다. 어느 날에는 원숭이 한 마리가 걸리버를 낚아채 왕궁 꼭대기로 올라가 버리기도 한다. 결국 걸리버는 구출되고 몸이 회복되자 왕의 호출을 받는다. 왕은 걸리버가 겁이 났었는지 알고 싶어 한다. 걸리버는 자신의 검으로 충분히 몸을 보호할 수 있었을 것이라고 호언장담한다. 왕은 이 작은 동물의 자만심에 박장대소한다.

　　걸리버는 브롭딩넥 거인들처럼 생각하기 시작했지만 스위프트는 그가 거인이 아니라는 점을 잊지 않게 한다. 걸리버가 거인인 양 생각할 수도 있다. 그러나 그가 우쭐하기만 하면 작은 몸집이라는 장애물에 어김없이 걸리고 만다. 우박, 강아지, 두더지 굴과 같은 수난은 사실 그리 심각한 일은 아니다. 그렇지만 이로 인해 걸리버는 자신의 처지를 똑바로 알게 된다. 이런 일들은 거인에게는 절대 일어날 수 없는 일이므로 수치심을 느낀다.

　　모욕적인 일들은 계속된다. 육체적으로 여러 차례 고

난을 겪고난 걸리버는 마음에 상처를 입는다. 궁녀들이 장난 감 취급을 하기 때문이다. 궁녀들은 걸리버의 옷을 벗기고 그가 남자로서 어떻게 생겼는지 궁금해 한다. 그러나 정작 남성 다움은 발견하지 못한다. 궁녀들이 그에게 성적 매력이 없는 것처럼 취급하자 걸리버는 남성으로서의 자존심에 타격을 받는다. 또한 납치되는 장면에서는 아기 원숭이 취급을 받는다. 스위프트는 걸리버를 계속해서 동물의 왜소함과 연결짓고 있다. 작가는 그 흐름을 훌륭하게 소화해냈다. 우선 걸리버의 목숨이 위험에 처해지고, 안전이 위협당한 후 성적 자신감을 잃은 채 이제 원숭이와 같은 처지로 전락하고 만 것이다. 그럼에도 불구하고 걸리버는 여전히 자기 자신을 과시하려 한다. 그는 거인들이 도덕적으로 훨씬 더 강하다는 사실을 깨닫지 못한 것이다.

Chapter 6

브롭딩낵 왕과 토론을 벌이다

걸리버는 즐겁게 지내며 왕의 턱수염으로 빗을 만들거나 왕비의 머리카락을 이용해 의자와 지갑을 만들어 창의력을 뽐낸다. 또한 왕과 왕비를 위해 스피넷(피아노)을 연주하는데, 피아노 의자를 뛰어다니며 곤봉처럼 생긴 막대기를 사용해 건반을 누른다. 왕은 걸리버와 걸리버의 고향 영국에 대해 여러 차례 이야기를 나눈다. 이 자리에서 걸리버는 왕의 요청에 따라 주로 정부 운영, 종교, 법체계에서 국민들이 하는 역할을 설명한다. 걸리버가 해준 얘기에 대해 많은 질문을 던진 왕은 들은 내용을 요약하고 평가하며 만남을 마무리한다.

6장에서 스위프트는 유럽의 정치와 제도권의 도덕심에 초점을 맞춘다. 왕이 질문을 던지고 걸리버는 대답하는 역할이다. 우리는 곧 걸리버가 말하는 내용이 천진난만하다는 것을 알 수 있다. 자기 나라의 관습과 제도를 이상화하고 있기 때문이다. 게다가 거짓말도 한다. 이런 왜곡은 당시 영국의 체제가 어떻게 돌아가고 있었는지를 적나라하게 보여준다.

　　스위프트는 영국인 전체를 공격하는 것이 아니다. 휘그 당만 노리고 있다. 왕은 걸리버에게 의원들이 성과에 따라 진급되는지, 아니면 정치상황에 따라 진급되는지를 묻는다. 이는 휘그당이 정치인들에게 귀족신분을 주면서 의회 내 표를 확보하려고 했음을 지적한 것이다. 또한 왕이 정치적 입장에 따라 주교를 임명하는지 물은 것도 휘그당을 염두에 둔 것이다. 휘그당은 당내 서기들을 주교직에 앉혔다. 반대로 스위프트는 자신의 정치적 입장 때문에 주교로서 성공하지 못했다. 왕은 의회 의원들이 뇌물이나 영향력 행사로 선출되는 일이 있지 않느냐고 묻기도 한다. 이는 선거조작에 일가견이 있던 월폴을 암시하는 것이다. 한편, 판사들이 부자가 되거나 편파적이고 더딘 판결을 내리지 않느냐는 왕의 질문은 치안판사들은 대개 멍청하고 편견이 많으며, 상급법원의 판사들도 느리기로 소문이 자자하고 큰 부자가 되는 경우가 많다는 스위프트의 의견을 반영한다.

문체 탐색　스위프트는 걸리버가 영국을 칭찬하기에 앞서 웅변가들을 언급하게 한다. 그리고 걸리버가 격조 넘치는 설명을 하는 장면과 곤봉으로 피아노를 자랑스럽게 두드리던 우스꽝스러운 모습을 연결시키고 있다. 또한 유럽의 도덕심에 대한 토론을 위해 곤충의 이미지를 이용한다. 걸리버는 꿀벌과 개미마저도 똑똑하기로 소문이 났다고 자랑한다. 걸리버의 칭송은 공허하게 울릴 뿐이다. 왕은 작은 연사에게 영국의 역사는 그가 말하는 것과 다르며 '인색함, 파벌, 위선, 배신, 잔인함, 분노, 광기, 증오, 질투, 욕정, 사악함, 야망이 불러일으키는 가장 나쁜 결과인 음모, 폭동, 살인, 학살, 혁명, 추방으로 얼룩져 있다'고 지적한다. 왕은 걸리버의 나라 사람들이 '대자연이 지구상에 태어나게 한 가장 징그러운 벌레와 같이 해로운 존재'라고 결론짓는다. 이 말은 〈걸리버 여행기〉 중에서 가장 잘 알려진 문구일 뿐만 아니라 인간의 본성을 평가한 문학작품 가운데에서도 가장 유명한 문구일 것이다.

Chapter 7

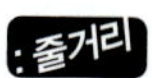 : 줄거리

걸리버, 영국을 옹호하다

걸리버는 왕이 영국에 대해 열광하지 않는 것은 그가 영국을 모르기 때문이라고 생각한다. 이를 돌이키기 위해 왕에게 영국의 위대함을 가르쳐주겠다고 한다. 첫 수업은 영국이 가장 자랑하는 자산 가운데 하나인 화약에 관한 것이다. 화약의 효과를 생생하고 장황하게 늘어놓은 걸리버는 왕에게 화약이 매우 유용할 것이라고 일러준다. 화약만 있으면 백성들을 모두 노예로 만들 수도 있다. 왕은 이런 제안에 몸서리친다. 왕은 잔인하고 비인간적인 제안을 거부하고 기어다니는 무력한 벌레(걸리버)가 다시 한 번만 화약이라는 말을 입에 올린다면 처형시키겠다고 경고한다.

걸리버는 화약에 대해서는 접어두고 자기 주인들의 관습과 정부에 대해 독자들에게 설명한다. 브롭딩낵의 군대는 근위대나 예비군이고 용병은 없다. 정부는 매우 단순하다. 세련됨도 없고 비밀도 없으며 음모나 국가기밀도 존재하지 않는다. 이들의 정부는 양식과 자비, 정의에 바탕을 두고 있다. 브롭딩낵의 거인들은 도덕, 역사, 시, 실용수학만 배운다. 이들은 추상적인 추론이나 사상은 이해하지 못한다. 이들의 법률은 22자를 넘어서는 안 되고 뜻이 매우 분명해야 한다. 브롭딩낵에서는 도서관들이 매우 작고, 책은 단순명료한 문체로 작성된다.

인물 탐색 스위프트는 걸리버의 성격이 나쁘게 변하고 있음을 보여준다. 걸리버는 자만심이 하늘을 찌를 듯이 높아지고 왕보다 더 잘났다고 생각하게 된다. 그는 왕을 하찮은 존재로 여기고, 왕의 기준들은 언급할 가치조차 없다고 일축한다. "그러나 세상으로부터 완전히 고립되어 살았기 때문에 다른 나라에서 대부분 통용되고 있는 예절이나 관습을 모르는 왕을 너그럽게 봐주어야 한다. 이런 지식이 부족하면 많은 편견과 좁은 사고력을 가질 수밖에 없다. 우리(영국)와 유럽의 교양 있는 나라들에서는 있을 수 없는 일이다." 걸리버는 할리카르나서스의 디오니시우스를 언급하며 유럽의 도덕심보다는 애국심과 정치를 강조한다. 디오니시우스가 목적에만 부합한다면 거짓말도 일삼았던 당파심 강한 역사가였다는 점은 의미심장하다. 걸리버는 또한 정부란 양식, 정의, 자비, 쉬운 법으로 구성되어야 한다는 왕의 생각을 비웃는다. 왕이 말하는 법과 관습은 이상적인 것이다. 그 중 대부분은 합리적이고, 추상적이거나 초월적이지 않다. 그래서 백성들이 정직하고 행복하며 자유롭게 사는 데 기여한다.

문학적 장치 이 부분에서 스위프트의 비유는 휘그당을 비난하기보다는 영국 지식인들의 어리석음을 겨냥하고 있다. 걸리버는 거인들에게 추상적인 것이나 초월적인 것은 가르칠 수 없었다고 말한다. 그러나 거인들의 사고는 항상 명쾌했다. 이러한 지적은 제3부에서 스위프트가 근대 철학자들을 풍자할 것임을 예감하게 한다. 스위프트는 근대인들에 대해 신랄하다. 이미 〈책들의 전쟁〉에서 스스로를 근대인이라고 부르는 시인과 철학자, 과학자들을 혹독하게 비난한 적이 있다. 이들은 화약이 고대인들에 비해 근대인들의 월등함을 증명해 준다고 했고, 추상적이고 초월적인 용어를 사용한 근대 철학자들을 칭송했다.

스위프트는 브롭딩낵의 거인들보다 더 우월한 거인들이 있다고 했는데, 이는 브롭딩낵 거인들이 완벽하지는 않지만 도덕심을 계속해서 유지해 왔음을 상기시켜준다. 이들은 선조들의 위대함을 아직 지니고 있다. 브롭딩낵에는 번영과 평화, 도덕과 양식이 존재한다.

Chapter 8

다시 집으로

걸리버는 브롭딩낵에서 2년을 보낸다. 그러나 왕실의 극진한 보살핌에도 불구하고 행복을 느낄 수 없다. 그는 도망치지 못하고 왕궁의 하인이나 애완동물이 될까봐 두렵다. 탈출은 불가능해 보인다. 그러나 기회가 찾아온다. 해안을 여행하던 중 독수리 한 마리가 날아와 걸리버가 여행할 때 타고 다니는 상자를 낚아채다가 바다 위에 떨어뜨린다. 상자는 바람을 타고 영국 배 근처까지 밀려가고 몇몇 선원들이 상자를 자세히 살펴보다가 걸리버와 그의 물건들을 발견하게 된다. 걸리버는 동향사람인 영국인들에게 쉽게 적응하지 못한다. 거인들의 나라에서 2년을 보내고 나니 모든 영국인들을 소인으로 생각하게 된 것이다. 고향에 돌아와서는 모든 것이 작아 보이고, 스스로를 거인이라고 여기게 된다. 걸리버의 감각은 마침내 회복된다.

걸리버는 영국인들을 릴리풋의 소인들과 동일시한다. 스위프트는 이를 통해 거인들이 도덕적으로 우월하다는 점을 강조한다. 이러한 비교는 걸리버를 우스꽝스럽게 만

들기도 한다. 이는 걸리버가 스스로를 도덕적인 거인들과 동일시하면서 어리석어지고 자괴감에 빠졌음을 증명한다. 문제의 발단은 걸리버의 자만심이었다. 스위프트는 이것을 걸리버가 감히 쳐다보지 못하는 거울을 가지고 극화했다. 거울은 풍자와 마찬가지로 하나의 규범이다. 누구라도 가까이 다가가면 자신의 결점을 볼 수 있다.

스위프트는 인간의 도덕성에 대한 언급을 마무리한다. 걸리버의 다음 여행에서는 인간이 지성을 어떻게 사용하며, 어떻게 잘못 사용하는가에 대한 풍자를 다룬다.

Chapter 1

 **: 줄거리**

공중에 떠다니는 섬

고향에 돌아온 지 채 몇 달 지나지 않아 걸리버는 호프웰 호의 외과 의로 다시 항해에 나선다. 통킹 항에 이르자 선장은 걸리버와 선원 14명에게 주변 섬들과 교역할 물건을 실은 범선에 타도록 지시한다. 그러나 며칠 후 폭풍우가 몰아쳐 범선은 항로를 이탈한다. 설상가상으로 해적들의 공격을 받아 걸리버와 선원들은 포로가 된다. 선장인 걸리버는 범선에 남겨져 표류하던 중 하늘에서 공중에 떠다니는 섬 같은 커다란 물체를 발견한다. 공중에 떠다니는 섬의 주민들은 걸리버에게 의자를 매단 사슬을 내려 보내고, 구조되어 기뻐하는 걸리버는 위로 끌어올려진다.

: 풀어보기

스위프트는 사악한 네덜란드 해적과 비교적 자비로운 이교도 해적들을 대비시켜 네덜란드 사람들을 비난하기 시작한다. 탐욕과 사악함에 가득 찬 네덜란드 해적은 한 기독교

인 동지를 배신한다. 그는 걸리버가 죽기를 바라지만 다른 해
적들은 그래도 걸리버의 목숨을 구해 준다. 스위프트는 1장에
나오는 (그리고 이후에도 나오는) 네덜란드 사람과 제4부 후
반에 나오는 자비로운 포르투갈 선장을 비교한다. 스위프트는
네덜란드 사람들이 약삭빠른 악당이라고 생각한다. 그는 이미
〈동맹자의 처신 The Conduct of the Allies〉에서 네덜란드와 휘
그당이 전쟁을 이끄는 방식에 대해 비난한 바 있다. 네덜란드
는 말보로 장군이 프랑스와 전쟁을 치를 때 영국의 동맹이었

으나 휘그당이 선택한 동맹이었다.

공중에 떠다니는 섬은 오랫동안 풍자의 대상이 되어왔
다. 이런 섬을 단순한 상상의 산물로 다루었던 풍자작
가들과는 달리 스위프트는 이 섬을 불가사의의 세계로부터 꺼
내온다. 그는 떠다니는 섬을 불가사의에서 하나의 기계장치로
바꿔놓은 것이다. 섬이 어떻게 날아다닐 수 있는지 매우 자세
하게 설명해 주기 때문에 생생하고 꽤 현실적이기까지 하다.
스위프트는 라퓨타 사람들이 섬을 정치적 독재수단으로 어떻
게 사용하는지 보여주어 이중의 효과를 거두었다.

Chapter 2

추상적 사고에 골몰한 라퓨타 사람들

걸리버는 공중에 떠다니는 섬의 주민들을 만나서 섬의 이름이 라퓨타라는 것을 알게 된다. 그리고 섬의 주민들이 집중력이 아주 낮고 관심의 폭이 매우 좁다는 것을 쉽사리 깨닫는다. 주민들의 주된 관심사는 수학과 음악이다. 걸리버는 라퓨타의 주민들을 관찰한다. 몸에 맞지 않는 주민들의 옷에는 해나 달, 별 모양과 악기가 그려져 있다. 이들은 별들의 음악을 들으며 시간을 보낸다. 또 점성술을 믿으며, 태양이 사라질까봐 항상 걱정한다. 걸리버는 라퓨타의 집들 중 각도가 정확하게 들어맞는 것이 하나도 없어 엉망으로 지어졌다고 지적한다. 라퓨타의 여성들은 성욕이 강하고, 발니바비 섬의 남자들을 선호해 불륜을 저지른다. 그러나 남편들은 수학과 음악에 심취한 나머지 아내가 바람을 피운다는 사실조차 모르고 있다.

주제 탐색 스위프트는 이 부분에서 사람들이 이성(理性)에 대해 갖는 자부심을 풍자한다. 스위프트는 이성이 다른 어떤 능력보다 가치 있는 것이라고 생각했다. 진리의 근원을 망

원경과 현미경으로 삼는 과학은 하나의 종교가 되어가고 있었다. 스위프트는 이를 부자연스러운 현상으로 보았다. 그는 인간의 본성에서 이성을 지나치게 강조하는 것은 다른 요인들을 간과하는 일이라고 판단했다. 스위프트가 떠다니는 섬에 부쳐준 이름도 그가 이성의 시대를 어떻게 보았는가를 보여준다. 걸리버는 라퓨타라는 이름이 어떤 의미인가를 설명하는데, 그의 추측은 사실 잘못된 것이다. 라퓨타는 원래 스페인어로 '매춘부'라는 뜻이다. 이는 이성에 대해 독일의 신학자 마틴 루터가 남긴 유명한 말, "그 위대한 창녀, 이성!"을 연상시킨다. 루터는 이성에 대해 분노했다. 그를 반대하던 자들이 믿음을 강조하는 그를 부정하기 위해 이성을 내세웠기 때문이다. 스위프트는 믿음을 신봉하는 루터와 믿음을 바탕으로 한 도덕체계에 전반적으로 동조했다. 그가 섬의 이름을 라퓨타라고 부른것은 믿음을 반대하는 합리주의자들과 추상적 이성옹호자들을 비난하고 있음을 독자에게 알리고 싶었기 때문이다.

인물탐색 라퓨타의 주민들은 이론적이고 합리적인 철학자들이다. 동시에 철학자, 추론가, 인간으로서 이들은 꼴사나운 졸작들이다. 이들은 추상학문 중 최고봉이라고 할 수 있는 수학과 음악에 헌신하지만 음악을 훌륭하게 연주할 줄도 모르고 건물을 짓고 옷을 재단할 수 있을 만큼 정확한 계산을 할 줄도 모른다. 실용적인 분야에는 완전히 무능하고 아내가 시끌벅적하게 바람을 피우고 다닌다는 사실조차 눈치채지 못한다.

라퓨타의 타락한 유부녀들 이야기는 <u>추상적이고 자만에 빠진 이성은 비도덕적임을 암시</u>하는 것이다. 이 이야기는 음탕한 여인들과 영국의 도덕심 및 정치를 직접적으로 연계시키고 있다. 스위프트는 이 이야기로 휘그당의 지도자였던 월폴을 꼬집기도 했다. 노예와 살기 위해 도망간 유부녀 이야기는 월폴의 부인에 관해 떠돌던 소문을 암시한다.

스위프트는 다른 정치적 암시도 곁들인다. 특히 라퓨타의 왕이 걸리버에게 호의를 베푸는 모습 속에는 조지 1세에 대한 질책을 담았다. 조지 1세는 하노버 출신의 무식한 독일인들을 정부에 기용한 것으로 유명하다. 계산착오를 일으키는 재단사는 아이작 뉴턴을 가리킨다. 뉴턴은 수학자이면서 정치판을 기웃거렸다. 뉴턴은 지구와 태양 사이의 거리를 재는 데 쓰인 계산 하나를 인쇄업자가 실수로 잘못 인쇄하여 조롱거리가 되기도 한다. 그러나 스위프트가 뉴턴을 겨냥한 것은 다른 문제 때문이었다. 뉴턴은 아일랜드의 화폐가치를 떨어뜨리는 계획을 제안한 적이 있다. 스위프트는 이것을 비도덕적이고 비인간적이라고 생각했다. 스위프트가 보기에 뉴턴은 비도덕적이고 추상적인 추론을 하는 과학자의 본질을 지닌 좋은 본보기였다. 그밖에 스위프트는 태양의 상태를 걱정하는 라퓨타 사람들의 근심과 혜성이론을 풍자했다. 당시 많은 사람들이 점성술에 심취한 나머지 혜성에 대한 걱정만 했지 아내의 불륜은 깨닫지 못한다고 생각했기 때문이다.

Chapter 3

 라퓨타의 이동원리

걸리버는 공중에 떠다니는 섬이 어떻게 이동하는지 철학적으로 설명한다. 그의 설명은 꽤 복잡하지만 주된 이동원리는 간단하다. 그 원리는 떠다니는 섬과 섬 밑에 있는 나라(발니바비) 간의 자력에 바탕을 두고 있다. 서로 반대방향으로 작용하는 자력으로 섬은 상하좌우 및 대각선 방향으로 이동할 수 있다. 자기학의 기본인 끌어당기고 미는 힘을 이용하는 것이다. 걸리버는 왕이 발니바비 주민들을 지배하기 위해 떠다니는 섬을 어떻게 이용하는지도 설명한다. 왕은 밑에 있는 섬 어느 곳에라도 햇빛과 비를 차단할 수 있다. 원한다면 밑으로 돌들을 던질 수도 있다. 이론적으로는 라퓨타의 고도를 낮춰서 발니바비의 도시들을 짓뭉갤 수도 있다. 끝으로 걸리버는 린달리노라는 도시가 저항에 성공한 이야기를 들려준다.

문학적 장치 걸리버가 섬의 이동을 묘사한 부분은 왕립협회에 투고된 논문들을 풍자한 것이다. 스위프트는 구체적이고 기술적인 언어를 선호하고 수학 도표와 그것을 비슷하게 흉내 낸 도표들을 좋아하는 왕립협회의 성향을 비웃고 있다. 라퓨타 사람들의 천문학적 발견을 보고 열광하는 걸리버의 모습은 핼리를 비롯한 천문학자들의 혜성 관찰결과를 보고 왕립협회가 열광했던 모습을 풍자한 것이다. 그런데 스위프트가 화성을 맴도는 두 개의 위성을 정확히 묘사했다는 점은 주목할 만하다. 이 위성들은 1877년에야 발견되었다.

스위프트는 섬에 대한 묘사를 통해 일단 과학적 추론으로 독자들의 머리를 가득 채운다. 그리고 그 기억을 정치적 폭력과 압제로 연결시킨다. 예를 들어 왕이 발니바비를 공격한 것과 발니바비에 대한 정책들은 영국 왕실이 아일랜드에 취했던 정책을 연상시킨다. 비와 햇빛을 차단하는 것은 아일랜드의 무역을 봉쇄한 영국의 정책을 가리킨다. 발니바비의 도시들에서 볼 수 있는 키 큰 바위들은 아일랜드 귀족을 상징하고, 높은 탑은 우드의 계획을 반대한 아일랜드 주교들을, 돌기둥은 아일랜드 상인들을 상징하는 것으로 보인다.

아일랜드는 저항하는 나라였고, 따라서 린달리노는 당연히 더블린을 가리킨다. 린달리노가 세운 탑들은 스위프트의 책 〈드래피어의 편지〉를 조사한 영국 대배심, 아일랜드 추밀원, 그리고 아일랜드 상하원에 해당한다. 아일랜드 추밀원과 의회는 (아일랜드의 화폐가치를 떨어뜨릴 수 있는) 우드의 계획을 영국 왕실의 뇌물을 포기하면서까지 반대했다. 섬을 잡기 위해 박아 놓은 천연자석은 아마도 화폐가치 하락을 불러일으키는 우드의 계획에 반대하는 상인들과 시민들의 다양한 준법

기구들을 의미하는 것일 터이다. 인쇄업자들이 린달리노 사건을 삭제한 것을 보면 책이 출간될 당시 사람들은 많은 정치적 암시를 인식했던 것으로 보인다. 이 부분은 19세기가 되어서야 다시 삽입되었다.

Chapter 4

계획자 아카데미

걸리버는 공중에 떠다니는 섬에 사는 것에 점점 싫증을 느껴 발니바비로 내려가기로 한다. 그곳에서 그는 라가도의 총독을 지낸 무노디를 만난다. 무노디는 걸리버에게 섬을 구경시켜준다. 섬은 상당히 특이한 곳이다. 풍요롭고 녹음이 우거진 무노디의 사유지를 제외한 나머지 땅은 완전히 침식된 불모의 땅이다. 무노디는 사람들이 라퓨타를 구경하고 온 후 모든 것이 달라졌다고 설명한다. 라퓨타를 방문한 사람들은 발니바비의 상황에 대해 불만에 차서 돌아왔고, 계획자 아카데미라는 것을 설립했다. 이 아카데미의 목적은 모든 학문, 과학, 언어, 기계기술의 방향을 전환하고 새로운 영농방법과 건축방식을 고안하는 것이었다. 그러나 이들의 계획 중 성공한 것은 없었다. 이제 섬은 불모지로 변했다. 무노디의 땅이 비옥한 것은 그가 선조들의 관습을 이어받았기 때문이다.

발니바비에서 스위프트가 비난하고자 한 것은 목적의식 없이 일의 진행방식에만 신경을 쓰는 지성(知性)이었다. 이 부분에서 (그리고 이후에도) 스위프트는 비도덕적인 공학자를 비난한다. 걸리버가 말한 계획들은 모두 영국 과학자들이 진지하게 추진한 일들을 풍자한 것이다. 공학자의 정신이 얼마나 황폐한가를 보여주기 위해 스위프트는 자연의 섭리에 역행하는 실험을 하는 과학자들을 등장시킨다. 그리고 다시 (자연의 섭리를 거스르는) 공학적 지식과 정치의 관계를 보여준다. 예를 들어 무노디는 자신의 직책을 성실히 수행한 훌륭한 시민이었다. 그런데 음악회가 열리는 동안 시간을 제대로 알리지 못해 국가적인 불명예를 초래한다. 그의 죄목은 추상적인 것, 즉 음악을 해쳤다는 것이다.

발니바비에서 무노디만이 유일하게 자연의 섭리를 따른다. 그는 자신의 땅을 돌볼 때 선조들의 지시를 존중하고 따랐다. 그래서 그의 땅이 풍요로워진 것이다. 계획자들의 말을 따른 사람들과 실험 과학자들은 그들의 땅을 버려진 불모지로 만들었다.

Chapter 5

쓸데없는 실험들

걸리버는 계획자 아카데미를 방문해 많은 실험이 진행되는 것을 보게 된다. 이 실험들을 실시하는 의도는 인류의 이익을 위해 제조과정이나 상품, 혹은 인간의 행동을 개선하는 것이다. 걸리버는 진행중인 여러 가지 계획들을 살펴본다. 예를 들어 오이에서 태양빛을 추출해내기, 인간의 분뇨를 처음 먹었던 음식상태로 되돌리기, 얼음으로 화약 만들기 등이다. 다른 곳에서는 언어에 관한 실험들이 진행중이다. 그 중에는 단어를 모두 없애려는 계획도 있다. 걸리버는 완성된 것은 아무것도 없다는 것을 깨닫는다.

이 장에서 스위프트는 무가치한 것에 대한 과학적 연구의 본질(과 가치)에 우려를 나타낸다. 더구나 이 장에서 걸리버가 기술하는 부조리한 실험들은 자연의 섭리를 거스르고 있다. 모든 실험은 실패로 돌아가고, 스위프트는 이 실험들이 무의미하고 무용하다는 것을 지적한다.

걸리버가 언급한 언어실험에는 왕립협회에 대한 암시도 내포되어 있다. 단어 대신에 사물을 쓰려는 계획은 왕립협회의 사학자 스프랫이 당시 실제로 내놓은 제안과 매우 흡사하다. 스프랫은 왕립협회의 보고서가 명확하고 평범한 문체, 그러니까 언급된 사물들의 그림를 보여주는 것 같은 형식으로 작성되기를 원했다. 그러나 그 형식으로는 결국 단어만큼이나 많은 그림이 포함될 뿐이다.

Chapter 6

몰지각한 라퓨타 과학자들

걸리버는 라퓨타에서 자신이 만나 본 정치과학자들이 상당히 몰지각하다고 말한다. 이들은 관리들을 지혜, 능력, 기량을 기준으로 선발해야 하며, 능력과 덕성은 포상해야 하고, 각료들은 공공의 이익을 얼마나 중시하는가를 기준으로 선발해야 한다고 제안했다. 한 과학자는 국가사업을 발전시키기 위해 각료들을 때리고 꼬집어서 기억을 잃지 않도록 하자고 제안한다. 또 다른 과학자는 사람들이 화장실에서 가장 생각에 깊이 잠기므로 배설물을 검사해 반역음모를 밝힐 수 있다고 주장한다. 세금을 인상하는 두 가지 방법도 제안된다. 첫 번째는 당사자의 이웃들이 악행과 어리석은 짓들을 판단해 각각의 죄에 대해 세금을 매기는 것이다. 두 번째는 남성의 경우에는 자신이 얼마나 매력적이고 재치 있으며 용감한지를, 여자는 자신이 얼마나 아름답고 잘 차려입는지를 스스로 판단하도록 하는 것이다. 그리고 세금을 매력, 재치, 용맹, 아름다움, 옷차림을 기준으로 매기면 된다. 발니바비 사람들은 모든 과학자들이 완전히 미쳤다고 확신한다.

스위프트는 발니바비 사람들이 동족을 비난하도록 만

든다. 몰지각한 정치과학자들은 사실 스위프트가 제안하는 도덕적 치유법 몇 가지를 대략적으로 보여준다. 특히 스위프트는 세금을 책정하기 위해 고안된 방법들을 통해 인간의 허영과 악의를 비난하고 있다. 그는 또한 발니바비의 정치가들과 영국 정치가들을 비교한다. 배설물에 나타나는 징조들을 보고 반역을 구분할 수 있다는 이론은 영국에서 애터버리 주교가 반역죄로 재판받은 사건을 암시한다. 주교에게 불리한 증거들이 그의 화장실에서 발견된 문서에 담겨 있었기 때문이다.

Chapter 7

위인들과의 만남

걸리버는 마법사들이 사는 섬, 글룹둡드립을 찾아간다. 섬의 총독은 무덤에서 죽은 자를 불러오고 사라지게도 하는 능력을 가진 사람으로, 걸리버에게 죽은 사람들을 불러와 이야기를 나눠 보라고 청한다. 그리하여 걸리버는 알렉산더 대왕이 독살당하지 않았다는 것과 한니발(카르타고의 정치가 겸 장군)이 알프스 산맥에서 길을 가로막고 있는 암석을 부수기 위해 불이나 식초를 쓰지 않았다는 것을 알게 된다. 카이사르(로마 공화정 말기의 정치가 겸 장군)와 브루투스도 불려나온다. 카이사르는 자신이 이룩한 모든 업적이 자신을 살해한 브루투스의 업적에 견줄 수 없다고 토로한다. 걸리버는 역사란 겉보기와 다르다고 느낀다.

문체 탐색 7장은 작가가 치밀하게 준비한 공격이라기보다 역사연구에 대한 풍자를 간단히 기록한 것들을 모아놓은 것처럼 보인다. 이를 확신하기에는 〈걸리버 여행기〉의 필사본에 대한 충분한 자료가 없지만 학문과 역사를 풍자하기 위해 스위프트가 간단한 기록을 했던 것은 사실인 듯하며, 그 작업을 포기했다가 다시 기록들을 꺼내어 〈걸리버 여행기〉 안에 삽입한 것으로 보인다. 이는 스위프트가 제3부를 가장 마지막에 집필했다는 것으로도 알 수 있다. 제3부의 구성이 상대적으로 느슨한 것은 특히 걸리버의 인물설정에서 드러난다. 걸리버의 성격은 제1부와 제2부에서보다 복합성이 감소되어 있다. 그는 성가신 질문을 던지는 순진한 인물이 아니라 그저 신기한 원주민들의 관습을 읊어대는 방문객에 지나지 않는다.

그러나 제3부는 〈걸리버 여행기〉의 핵심이다. 그는 역사와 사학자들을 풍자하면서 사학자들이 내세운 주장들을 반박한다. 또 로마의 원로원과 근대 의회를 비교해 정치가들이 진보한 것이 아니라 퇴보했음을 보여준다. 여기서도 작가는 이성이란 그리 믿을 만한 것이 아니어서 정치나 윤리의 바탕이 될 수 없다고 주장한다. 이는 제4부를 전개하기 위한 바탕이 된다.

Chapter 8

역사에 실망하다

죽은 사람들을 다시 불러와 이야기를 계속 나누는 걸리버는 호메로스, 아리스토텔레스, 데카르트(프랑스 철학자 겸 수학자), 가생디(프랑스 철학자 겸 과학자)를 만난다. 그는 며칠에 걸쳐 로마 황제들과 '근대의 사자(死者)들'이라고 칭한 여러 지도자들을 만난다. 그리고 근대사에 관심을 두는데, 사람들이 생각하는 것만큼 지도자들이 훌륭하지 않아서 실망한다. 마지막으로 걸리버는 영국의 요먼*들을 만나고 싶어 한다. 그는 요먼들이 너무나 건강한 것을 보고 깜짝 놀란다. 그리고 기름진 음식과 매독 때문에 영국인이 퇴화하고 있으며 현세대는 귀족들처럼 부패하고 타락했다고 생각한다.

스위프트는 라퓨타의 합리적이고 추상적인 사고, 그리고 발니바비의 비도덕적이고 과학만능의 사고를 공격

---

* **요먼**(yeoman): 젠트리(귀족 아래 가문이 좋은 사람들)과 농민의 중간에 위치하는 중산적 농민.

했다. 이제는 <u>근대주의자들, 그 중에서도 특히 사학자와 철학자들이 연구하는 이른바 인문학이라는 것을 가차 없이 비난한다.</u> 그는 시와 고대 철학이 도덕심과 관용을 가르치기 때문에 이 두 학문이 가장 훌륭한 지식습득의 길이라고 주장한다. 작가는 호메로스와 아리스토텔레스 같은 고대 작가들을 불러놓고 이들의 주석가들과 대면시킨다. 그리고 문학비평가와 사학자 대부분이 저자들이 쓴 내용을 왜곡하고 있다고 평가한다. 그는 특히 호메로스를 잘못 이해하고 전달한 고대 학자 디디모스와 유스탄티우스를 꼬집고 있다. 그리고 아리스토텔레스를 잘못 이해한 학자로 스코투스와 라무스를 꼽는다. 가생디나 데카르트 같은 근대 철학자들은 한때 명성을 누렸지만 이제는 한물간 사상가들이 되고 말았다. 스위프트는 뉴턴도 시대에 뒤떨어지는 날이 오리라고 말한다. 스위프트의 결론은 한 마디로 근대 작가들에게는 본질이 없다는 것이다. 이들은 진리가 아닌 한때의 유행으로 전락했다.

　　인문학과 철학을 풍자한 스위프트는 사학자들에게 시선을 돌린다. 그는 역사가 정치가들의 도구라고 단언한다. 역사는 사사로운 이유로 잘못 해석되고 잘못 기술된다. 역사는 정치가들을 위해 덕, 지혜, 용기에 대해 거짓말을 한다.

Chapter 9

 루그낵의 이상한 관습

　걸리버는 네덜란드인으로 가장하고 루그낵으로 떠났으나 발각되어 감금된다. 왕은 걸리버를 자기 앞에 데려오도록 명하고 곧이어 왕의 특이한 버릇이 소개된다. 왕은 자신을 알현하고자 하는 사람에게 엎드려서 바닥을 핥으며 다가오라고 요구한다. 조신이 왕의 총애를 잃으면 왕은 바닥에 독을 뿌려놓는다. (알현이 끝나고 하인들이 바닥 닦는 일을 잊어버리거나 부주의로 닦지 않는 일도 일어난다고 걸리버는 말한다. 부주의함의 결과는 치명적이다.) 걸리버는 관습을 따른다. 그리고 왕이 던진 질문에

열심히 대답한 결과, 귀빈으로 석 달간 그곳에 머물게 된다.

　　스위프트는 네덜란드를 다시 한 번 공격한다. 루그낵 사람들이 걸리버가 네덜란드인이라는 이유만으로 걸리버를 감금시킨 것이다. 왕의 허영심과 조신들의 비굴함을 폭로하는 이 부분에서 관념적인 것들을 구체적으로 표현해내는 작가의 재주가 빛을 발한다. 작가는 왕이 요구하는 비굴한 복종을 신하들이 바닥을 기고 혀로 핥는 의식을 통해 들어주는 모습을 표현하고 있다. 그리고 바닥에 뿌려놓은 독을 통해서 이러한 비굴함이 어떤 정신적·육체적 위험을 수반하는지 보여준다. 스위프트는 왕의 자비로움도 공격하고 있다. 왕은 하인들이 어쩌다 잊어 버리고 바닥을 닦지 않은 일에 대해 처벌하지 않는 자비를 베풀었다.

Chapter 10

불멸의 인간 스트룰드부룩

걸리버는 루그낵에서 지내며 스트룰드부룩에 대한 이야기를 듣게 된다. 스트룰드부룩이란 루그낵에 사는 죽지 않는 사람들을 가리키는 말이다. 걸리버는 스트룰드부룩의 불멸에 관해 이야기를 듣고 처음에는 부러움과 흥분을 느낀다. 영원히 살 수 있다면 엄청난 부와 지혜, 철학적 초연함을 얻을 수 있을 것이기 때문이다. 걸리버는 자신이 스트룰드부룩이라면 어떨까, 하고 상상해 본다. 그러나 늙고 쇠약해지고 기억력도 없어지는 스트룰드부룩의 현실에 대해 통역관이 말해 주자 영원불멸한 삶에 대한 열정은 금세 사라지고 만다.

스위프트는 10장에서 경험은 최고의 선생이라는 이론을 풍자한다. 작가는 지식을 얻는 여러 가지 방법을 이미 공격했다. 라퓨타에서는 추상적 이성을 비웃었고, 발니바비에서는 실용적이고 과학적인 지식을 비난했다. 그런가 하면 루그낵에서는 인문학과 특히 역사가 비난의 화살을 맞았다. 이제 스위

"

프트는 경험을 비난한다.

　　우리가 보통 그렇듯 걸리버도 경험이 지혜와 도덕심을 키워준다고 믿는다. 걸리버는 영원불멸을 꿈꾸는 인간을 대변한다. 불멸은 풍부한 경험을 쌓게 해줄 것이고, 따라서 큰 지혜를 갖게 되리라고 확신하는 것이다. 스위프트는 스트룰드부룩의 모습을 보여주며 걸리버의 천진난만한 꿈을 깬다. 스트룰드부룩들은 분명 영원히 살 수 있지만 계속 나이를 먹는다. 주름이 늘어가고 몸도 쇠약해진다. 여기서 육체는 다시 한 번 추상적인 것을 상징한다. 스트룰드부룩들에게서는 희망, 선량함, 자비, 애정, 소박함, 정직함, 순진함이라곤 찾아볼 수 없다.

독자들은 이 부분을 읽고 나면 스위프트가 이성이란 결코 고상한 것이 아니라고 주장하고 있음을 깨닫게 된다. 인간은 추상적이고 비인격적이며 비인간적인 이성에만 의지할 수 없는 것이다. 또한 기술혁신, 역사 혹은 근대적인 인문학에도 의지할 수 없다. 가장 훌륭한 지도자는 시와 고대철학뿐이다.

Chapter 11

: 줄거리

십자가 밟는 의식

걸리버는 마침내 일본으로 가는 배를 찾아낸다. 그러나 그는 일본에서 또다시 곤란한 상황에 처하게 된다. 일본에 있는 네덜란드인은 십자가를 밟는 의식을 행하는 것이 관례이고, 이에 저항한 사람은 여태까지 아무도 없었다. 다행히 일본 황제는 걸리버에게 이 의식을 면하게 해준다. 그러나 이후에 한 네덜란드인이 십자가를 밟으라고 걸리버에게 강요한다. 걸리버는 암스테르담으로 가는 암보냐 호를 타고 일본을 떠난다. 그리고 암스테르담에서 영국으로 가는 배를 탄다. 드디어 걸리버는 레드리프에 있는 가족에게 돌아간다.

: 풀어보기

11장에서도 네덜란드가 다시 도마 위에 오른다. 네덜란드인들은 〈걸리버 여행기〉 마지막 부분에 나오는 너그러운 포르투갈 선장과 대비를 이루기 위해 등장한 것이다. 스위프트는 네덜란드인들을 비하하려고 당시 이교도로 간주되던 일본인들과도 비교한다. 일본인들에게서는 네덜란드 그리스도교도 상인들의 사악함은 찾아볼 수 없다. 일본인들은 걸리버가 십자가를 밟는 천한 의식을 피할 수 있도록 자비를 베푼다. 그들은 이 사실이 알려지면 그리스도교 상인 조합원들이 걸리버의 목숨을 해칠 것임을 알고 있다.

Chapter 1

 **후이늠과 만나다**

집으로 돌아온 지 다섯 달이 지났을 무렵, 걸리버는 상선의 선장자리를 제안받자 이를 수락한다. 여행을 하는 동안 선원 몇 명이 병에 걸리는 바람에 걸리버는 선원들을 다시 뽑아야 했다. 그런데 그가 새로 고용한 선원들은 해적이었고 배에서 폭동을 일으킨다. 이들은 걸리버를 어느 섬에 남겨놓는다. 걸리버는 이곳에서 싸움을 좋아하는 흉측하게 생긴 동물들을 만난다. 이 동물들은 생김새가 영장류와 같았고 영장류처럼 행동했으며, 나무에 기어오르거나 걸리버에게 똥을 싸면서 공격한다. 길에 말이 나타나자 공격이 그친다. 말은 호기심 어린 눈으로 걸리버를 관찰한다. 이때 다른 말이 등장한다. 두 말은 서로 대화를 나누는 것 같았는데, 걸리버는 '야후'와 '후이늠'이라는 말을 알아듣는다.

문체 탐색 걸리버의 네 번째 여행에 관한 묘사는 다른 여행들과 비슷하게 시작한다. 어조는 건조하고 무덤덤하며 항해에 관해 매우 세밀하게 묘사하고 있다. 이 부분의 문체가 무미건조한 것은 작가가 의도한 바다. 스위프트는 걸리버가 상상력이 부족하고 남의 말을 잘 믿는 성격의 소유자임을 다시 한 번 강조한다. 우리는 걸리버가 후이늠 나라에서 일어난 일을 마치 항해일자나 화물정보, 기항지를 말할 때와 마찬가지로 정확하고 믿을 수 있도록 말해 주리라는 것을 알 수 있다.

본격적인 모험이 시작되기에 앞서 알아두어야 할 것은 걸리버가 여러 나라를 전전해야 하는 상황이다. 걸리버가 처한 상황은 점점 더 심각해진다. 이 장에서는 선원들이 걸리버를 무인도에 버리는데, 그 이유는 배신, 사악함, 배은망덕 때문이다. 이 상황은 예전에 걸리버가 불운, 두려움, 탐욕 때문에 버려졌던 것과 같다. 걸리버의 불운은 점점 더 위협적이 되어가고, 그에 따라 각 장의 주제도 더욱 무거워진다.

문학적 장치 걸리버가 야후를 묘사하는 장면에는 스위프트의 뛰어난 능력이 드러난다. 작가는 새로운 것을 매우 친근하게 묘사할 줄 안다. 우선 야후는 친숙한 존재인 듯하다. 그렇지만 실제로 그들이 누구인지는 분명하지 않다. 그러다가 작가의 관점이 분명히 드러나는데, 이는 가히 충격적이다. 야후는 바로 인간들인 것이다. 스위프트는 문제를 제기함으로써 독자의 관심을 사로잡을 줄 안다. 그는 이 장에서 후이늠이라는 말들을 이성을 가진 존재로 보여주지 않는다. 그래서 독자들도 걸리버처럼 후이늠이 누구인지, 어떤 존재인지 수수께끼를 풀려고 애쓰게 된다.

걸리버는 야후를 "흉측하고 (중략) 머리와 가슴에는 뻣뻣한 털이 나 있고 (중략) 그러나 몸의 나머지 부분은 벌거숭이였다. (중략) 꼬리는 없고 뒷다리로 자주 서 있곤 했다"고 묘사한다. 그리고 "지금까지 여행하면서 이렇게 불쾌한 동물은 본 적이 없다"고 말한다. 이 동물들의 행동 또한 역겹다. 걸리버는 동물들로부터 자신을 보호하기 위해 검을 빼들고 나무쪽으로 뒷걸음질친다. 그러자 동물들이 나무 위로 기어올라가 걸리버에게 오물을 떨어뜨린다. 반면, 걸리버가 후이늠이라는 말을 묘사할 때에는 거의 전원시에 가깝다. "이 동물들의 행동은 (중략) 질서정연하고 이성적이며 (중략) 예리하고 사리에 밝다." 그도 그럴 것이 야후들로부터 걸리버를 구해낸 것이 바로 말이기 때문이다. 그것도 그 어떤 명백한 물리적인 행위 때문이 아니라 길 위에 모습을 드러낸 것만으로 말이다. 물리적인 행위는 필요하지 않았다.

Chapter 2

걸리버와 닮은 야후

걸리버는 회색 말과 함께 회색 말의 집으로 걸어간다. 그곳에서 걸리버는 다른 후이늠들을 만난다. (집주인인) 회색 말은 걸리버를 '왕궁'으로 데려가고, 걸리버는 그곳에서 야후들이 뿌리와 '개와 당나귀'의 고기를 먹는 것을 본다. 회색 말과 그의 하인(갈색 조랑말)은 걸리버를 야후들과 비교하기 위해 야후들 근처에 둔다. 걸리버도 자기 옆에 서 있는 야후를 좀더 자세히 관찰한다. 그는 곧 야후가 '완전한 사람의 형상'을 하고 있다는 것을 깨닫는다. 후이늠들의 반응을 보면, 회색 말과 그의 하인은 걸리버가 털(걸리버의 털과 손톱이 더 짧다.)을 제외하고는 야후와 똑같다고 생각한다. 걸리버는 자신이 먹는 음식이 귀리라는 알게 된다. 이 곡물은 볶아서 가루로 만들어 우유와 섞어서 반죽 같은 것(오트밀)으로 만들어 먹을 수 있다. 회색 말은 외양간 옆에 있는 건물에 걸리버를 위해 임시 주거지를 마련해 준다.

후이늠과 야후의 대비는 극명하다. 말들은 청결하고 좋은 냄새를 풍긴다. 먹는 것도 자제할 줄 알고 채식주의다. 이

"

들의 습관은 18세기 사람들이 생각했던 전형적인 이성적 인간, 금욕주의자, 타락하기 전의 아담이 갖고 있는 절제 그 자체다. 반면, 야후들은 몸과 얼굴이 완전히 인간이다. 상스럽고 악취를 풍긴다. 또 잡식성이지만 고기와 쓰레기를 더 좋아한다. 상징적으로 볼 때, 이들은 성경과 레위기에서 규율로 금지한 음식을 거의 대부분 먹고 산다. 스위프트는 이런 세세한 부분들을 기록해 더욱 뚜렷한 대비효과를 거두려고 한다. 야후의 식습관은 타락한 반면 후이늠의 식습관은 인간이 타락하기 이전의 상태다.

주제 탐색 스위프트는 걸리버를 초이성적이고 순수한 말들과 비천하고 타락한 야후의 중간에 놓는다. 비유적으로도 그렇고, 실제로도 그렇다. 걸리버가 머무는 곳은 후이늠의 외양간과 야후의 우리 중간에 놓여 있다. 걸리버에게는 자신의 천성을 절충하는 것이 쉽지 않다. 걸리버는 겉모습을 보면 영락없는 야후다. 지금은 그가 옷을 걸치고 있기 때문에 후이늠들이 그를 야후와 구별할 수 있을 뿐이다. 후이늠들이 걸리버를 그저 야후로만 보았다면 스위프트는 후이늠들 중 일부가 걸리버를 받아들인 상황을 설명하기 힘들었을 것이다. 따라서 걸리버의 옷은 작가에게 귀중한 장치가 된다. 걸리버의 야후로서의 모습은 감춰져 있기 때문에 걸리버의 정체성 또한 숨겨져 있다. 스위프트는 인간이 야후와 기본적으로 다른 것은 인위적인 것뿐이라는 점을 지적하고 있다. 인위적이고 인간 본연의 것이 아닌 옷이 걸리버를 '구분'해 준다.

식습관에서도 걸리버는 야후와 후이늠의 중간이다. 걸리버는 귀리만 먹고 살 수는 없다. 그가 먹는 음식에는 고기도 있어야 하고 다양한 음식들이 필요하다. 예를 들면, 곡물과 우유로 만든 반죽 같은 것이다. 걸리버는 확고한 결심 하에 자신을 보다 나은 사람으로 만들려고 노력하고 좀더 말과 같은 상태에 도달하려고 한다. 그러나 실패할 것이다. 그 이유는 그가 후이늠보다는 야후를 더 많이 닮았기 때문이다. 그의 식습관과 생김새 때문에 영원히 말이 되지는 못할 것이다.

스위프트는 다음과 같은 지적을 하기 위해 걸리버의 특징을 이용한다. 걸리버는 야후들을 보자마자 지나치게 혐오감을 느낀다. 그리고 야후가 자신과 닮았다는 사실에 경악한다. 걸리버에게는 겸손함이 부족해서 자신을 야후로 보지 못한다. 자만심 때문에 그는 말이 되려고 노력한다. 그러나 스위프트는 인간은 말(감정에 치우치지 않는 훌륭한 금욕주의자)이 될 수 없다고 말한다. 그러한 믿음은 걸리버가 생각을 열심히 하면 말의 구절이나 발목뼈를 갖게 되리라고 믿는 것만큼 허황하다.

Chapter 3

 후이늠과 소통하는 걸리버

　　언어에 능한 걸리버는 후이늠들의 언어를 재빨리 배워 그들과 대화를 나누게 된다. 그는 후이늠들이 희한한 언어를 구사한다고 하면서 독일어와 비슷하다고 말한다. 후이늠은 걸리버를 가르치고, 걸리버는 후이늠을 가르친다. 후이늠들에게는 책이 존재하지 않는다. 그래서 걸리버가 글쓰는 법을 가르쳐준다. 후이늠들은 이 방문객 때문에 정말 어리둥절해진다. 걸리버가 야후를 많이 닮았으면서도 이성을 갖춘 야후인 것 같기 때문이다. 그러나 후이늠들은 그런 조합이 불가능하다고 믿어왔다. 걸리버는 후이늠들에게 자신을 꼼짝 못하게 만든 폭동에 대해 말해 주고, 후이늠들은 거짓말이라는 개념에 놀란다. 이들은 자기들에게는 거짓말이라는 개념을 설명할 단어조차 존재하지 않는다고 말한다. 또한 후이늠이라는 단어에 '말(馬)'이라는 뜻도 있지만 '자연의 완벽함'이라는 뜻을 가진 말에서 파생되어 나온 단어라고 설명해 준다. 걸리버를 데려온 후이늠 주인은 걸리버가 가진 겸손함에 대해 호기심을 갖는다. 그는 자연이 만들어준 것을 왜 감추려 하는지 생각한다. 그러나 걸리버가 옷을 다 벗자 야후와 매우 흡사하다는 것을 알게 된 주인은 걸리버의 옷을 비밀로 하기로 약속한다.

　　스위프트는 1장에서 언급한 식습관에 관한 신학적 의미를 계속 보여준다. 르네상스 시대의 한 독일 학자는 아담과 이브가 낙원에서 사용했던 언어가 독일어였다고 학구적으로 진지하게 증명한 바 있다. 찰스 5세도 신에게는 스페인어로, 친구에게는 영어로, 애인에게는 프랑스어로, 그리고 말에게는 독일어로 말했다고 한다. 아담과 이브가 독일어를 사용했다는 이론은 스위프트가 살았던 시대의 사람들에게는 익숙한 것이었다. 스위프트 이전에도 밀턴이 이 이론을 풍자한 바 있다.

 스위프트는 신체적 특징과 구체적 사물을 통해 걸리버, 말, 야후를 구분했다. 그는 후이늠이 '자연의 완벽

함'을 의미한다고 정의함으로써 자신이 주장하고자 하는 바를 분명히 내세웠다. 이 정의는 중요한 구분의 기준이 된다. 말들은 열정 때문에 부패하지 않고, 천하거나 그렇다고 숭고하지도 않다. 예를 들어 말들에게는 자비심이라는 것이 없다. 또한 절제라는 것도 모른다. 아담처럼 말들도 옷을 입는다는 것을 이해하지 못한다. 스위프트는 후이늠이 완벽한 인간의 본성을 상징하는 것으로 보지 않았다. 후이늠은 오히려 순수한 인성을 나타낸다. 후이늠의 행동과 말, 생각은 인간의 습성과 유사하지만 성격은 걸리버와 전혀 다르다. 인간이라면 대부분 가볍게 생각하는 많은 일들을 후이늠들은 모르고 있다. 이를테면 거짓말이라는 것을 모르며, 거짓말을 해야 할 필요성 자체도 이해하지 못한다.

스위프트는 인간이 존재할 수 있는 범위를 정한 것이다. 말들은 글자 그대로 순수하고 (종교적 의미에서) 한 번도 타락하지 않은 존재다. 반면 야후는 매우 감각적이고 타락했다. 후이늠은 냉철한 이성을 상징하고, 야후는 불타는 관능을 상징한다. 그리고 이 양극 사이에 바로 걸리버가 있다.

Chapter 4

 후이늠 *vs.* 야후

걸리버와 그의 주인은 여러 가지 개념에 관해 토론을 계속한다. 주인은 이런 개념들을 이해하기 힘들다. 특히 거짓말과 나쁜 짓 하는 것을 이해하지 못한다. 걸리버는 자기 나라에서 후이늠과 야후가 맡는 역할을 설명해 준다. 물론 주인은 역할이 정반대가 된다는 것을 알고 무척 놀란다. 주인은 자기 땅에 사는 야후들이 걸리버보다 더 잘 적응하는 것 같다고 말한다. 또한 그는 후이늠을 야후와 비교하면서 동물로서 후이늠이 야후보다 더 많은 일을 할 수 있다고 결론 내린다.

: 풀어보기

이 장에서 스위프트는 자연의 순수함을 가진 말들과 타락한 유럽 야후들을 대비하기 시작한다. 스위프트는 거짓말에 관한 토론을 계속 반복하는데, 이로써 후이늠들이 부패하지 않은 이성을 가졌다는 점을 강조한다. 말들은 거짓말에 대해 이해하지 못하기 때문이다.

스위프트는 앞서 벌였던 옷에 관한 토론과 후이늠의 어

휘에 관한 토론을 비교한다. 작가는 (후이늠의 언어에는 존재하지 않는) 권력, 법, 정부, 처벌이라는 것들은 모두 인위적이라고 역설한다. 의복이라는 것이 인간의 몸을 감추고 모양을 바꾸듯이 이런 인위적인 제도는 사람을 개조한다는 것이다. 스위프트는 이러한 제도들을 유럽 야후들이 걸치는 정신적인 옷으로 보고 있다.

　　스위프트는 법률용어를 많이 사용해 법률종사자들을 공격한다. 후이늠들은 그런 단어들을 사용하지 않는다. 천성적으로 덕을 갖추고 있어서 법이 필요하지 않기 때문이다. 풍자를 넘어서 작가의 말장난은 우리에게 유럽 사회제도를 돌아보게 한다.

Chapter 5

 종교전쟁과 영국의 야후들

걸리버는 주인에게 영국에 대해 설명하다가 마침내 종교적인 이유로 벌이는 피비린내 나는 전쟁 이야기를 한다. 유럽 사람들은 살덩이가 빵인지 혹은 피가 주스인지 포도주인지를 놓고 살인을 저지른다. 또한 정부 내 직책을 놓고 시기심으로 서로 죽이기도 한다. 군주가 한 나라를 침략할 때면 문명이라는 미명 하에 침략당한 주민의 절반을 죽이고 나머지 반은 노예로 삼는다. 걸리버의 주인은 자기네 나라의 야후들이 끔찍하기는 해도 영국의 야후들이 더 나쁘다고 말한다. 영국의 야후들은 자신들의 악행을 이성을 이용해 미화시키기 때문이다. 그것이 핑계일지라도.

걸리버는 영국의 법체계로 화제를 돌린다. 그는 옳은 사람은 항상 불리하다고 말한다. 변호사들이란 잘못을 저지른 사람을 위해 변호하는 것이 아닌 경우에는 불편해 하기 때문이라고 설명한다. 간단히 말해 변호사들은 가장 어리석은 야후들이다. 이들은 지식과 정의의 적이다.

문학적 장치 이 장에서 스위프트는 풍자를 위해 모순이라는 도구를 사용한다. 그는 백년전쟁을 모순되게 설명하는데, 실제와 반대되는 이유를 말해 준다. 그는 인간이 이성을 이용해 전쟁을 대안이 아니라 핑계로 삼는다고 주장하고 있다. 우리는 신체적인 위협을 받지 않는데도 살인능력을 키우기 위해 이성을 사용한다. 스위프트는 이성이 강해지면 강해질수록 우리의 악행도 늘어날 것이라는 결론을 내린다. 화약에 대한 설명을 마친 스위프트는 법과 변호사라는 사회의 단면을 보여준다. 스위프트는 세밀한 설명을 통해 변호사들이 올바른 이성에 질색하는 존재임을 강조한다. 변호사들은 합리적인 대화를 망치고 지식과 싸우며 부당함을 고양시키기 위해 이성을 사용한다.

Chapter 6

 돈이란 무엇인가?

걸리버는 돈과 빈부의 차이에 대해 논한다. 그는 사람들이 호사를 갈망하지만 돈이란 막상 얻고 나면 병을 낳는 법이라고 설명한다. 그렇다면 병은 누가 치료해 주는가? 마법사처럼 죽음을 예언할 수 있는 의사들이다. 의사들은 언제든지 환자들을 죽일 수 있으니까. 걸리버는 의사들이 환자를 치유하는 일이 드물다고 개탄한다. 그리고 독특한 장관을 거론하며 국사로 화제를 돌린다. 이 장관은 아내나 딸에게 매춘을 시켜 공직을 얻는다. 아니면 전임자를 배신하고 자리를 대신 차지한다. 또는 정부의 부패를 공격하는 위선을 보이기도 한다.

이 장에서는 돈이 5장에 나왔던 화약처럼 비난의 화살을 맞는다. 돈이란 사람들이 악덕을 충족시키고 이성을 더욱 악용하기 위해 사용하는 매개체다. 스위프트는 사상가이자 의사인 버나드 맨더빌의 〈꿀벌의 우화 *The Fable of the Bees*〉를 통해 유명해진 이론을 차용한다. 맨더빌는 개인의 악덕이 사업을 늘렸으니 개인의 악덕은 사회의 덕이라고 주장했다. 그러나 스위프트는 개인의 악덕은 돈을 벌기 위한 구실이 되어서는 안 된다고 주장한다. 이는 악순환만 낳을 뿐이다. 스위프트에게는 개인의 악은 곧 사회의 악이다.

음식은 돈으로 조장된 이런 사회의 악을 상징한다. 돈이 많으면 사람들은 고급 음식을 많이 먹을 수 있다. 그러나 이런 식습관은 필요하지 않다. 단지 건강만 해칠 뿐이다. 오히려 소박한 음식이 훨씬 바람직하다. 여기서 비싸고 고급스러운 음식은 지위를 상징한다. 인공적으로 고급스럽게 만든 유해한 음식은 야후들이 먹는 몸에 해로운 자연산 음식과 흡사하다.

**문체
탐색** 이 부분은 제4부에서 가장 복합적이면서도 가장 통일된 부분이다. 스위프트는 돈과 사치로 시작해서 건강과 윤리로 이어 나간다. 그리고 의사들을 언급해 질병과 정치를 연결시킨다. 의사들은 환자들을 죽일 수 있고, 의학이 발견한 독극물들은 정치가들에게 유용하게 쓰일 수도 있다. 마지막으로 작가는 정치적 혹은 경제적 이유로 정략결혼을 하는 귀족들이 앓는 유전적 결함과 성병을 언급해 질병과 사치를 국가 전체에 적용시킨다.

Chapter 7

후이늠 곁에서 살고 싶어라

후이늠들의 미덕을 보고 깊은 인상을 받은 걸리버는 인간에 대해 가능한 한 허심탄회하고 진실하게 말하기로 마음먹는다. 걸리버는 후이늠들을 존경하게 되고, 평생 그들 곁에서 살 수 있기를 바란다. 그러나 걸리버는 완전하게 진실할 수 없다. 그는 인간의 결점은 누그러뜨려 말하고 장점은 과찬한다. 그러나 걸리버가 말을 하면 할수록 그의 주인은 인간과 야후 사이에는 유전적이고 생리적인 연관성이 있다고 더욱 확신하게 된다.

스위프트는 후이늠의 야후와 유럽 야후를 이전보다 더 상세히 비교하기 시작한다. 그는 야후를 통해 생생하고 구체적이며 개성 넘치는 방식으로 유럽인들에게 도덕적 흠집을 낸다. 야후는 돌을 모으고, 유럽인들은 돈을 모은다. 야후는 유럽인들과 마찬가지로 자기들끼리 싸운다. 야후들이 싸우는 이유는 유럽인들과 마찬가지로 탐욕이다. 야후들에게는 부족 정치가들까지 있다. 야후들은 술에 취해서 "소리를 지르다가 히

죽거리고 웃고 수다를 떨다가 휘청거리고 쓰러져 결국 더러운 곳에서 잠이 든다". 이들은 우울하며 돈 많은 영국인들이 유행처럼 불평하듯 '의기소침'하다. 그러나 이런 모든 결점에도 불구하고 후이늠의 야후들은 유럽의 야후들만큼 사악하지 않다. 야후들은 천성적으로 결점을 갖고 태어났지만 유럽인들은 이성을 타락시켜 결점을 더욱 늘리거나 악화시킨다.

Chapter 8

 **야후에게 느끼는 혐오감**

걸리버는 야후들을 만나 보지만 그들의 천박함을 받아들일 수 없다. 야후들은 개구리와 물고기를 먹고 구멍 속에 들어가 산다. 이들은 몸에서 악취가 풍기고 길들여지지 않으며 서로에게 오물을 던져댄다. 걸리버가 수영을 하러 가자 그에게 반한 암컷 야후가 벌거벗은 그를 구석으로 몰아 넣어 와락 끌어안는다. 걸리버는 자신을 보호해 주는 갈색 조랑말이 구해 주지 않았다면 암컷 야후가 자신을 성폭행했을 것이라고 말한다. 야후와 는 대조적으로 후이늠들은 이성으로 스스로를 통제한다. 이들은 어린 후 이늠들을 잘 보살피지만 순전히 이성에 따라 그렇게 하는 것이다. 따라서 후이늠들은 더 강하고 멋진 자손을 얻기 위해 교배하며, 사랑이나 돈 때 문에 결혼하지 않는다. 그리고 이들에게는 불륜도 존재하지 않는다. 걸리 버는 후이늠들이 4년에 한 번씩 문제들을 해결하기 위해 회의를 소집한 다고 설명한다. 그러나 당연하게도 해결해야 할 문제가 아주 적거나 아예 없다.

　　후이늠은 야후나 유럽인들과는 달리 도덕심을 가진 동물이다. 사실 우리는 3장과 6장에서 이미 이런 차이점을 보았다. 후이늠의 사회는 이성적인 사회이고 (은유적으로 찔러도 피 한 방울 나올 것 같지 않은) 이상향이다. 이들의 사회는 플라톤과 토머스 모어가 주장한 이론을 반영하고 있다. 플라톤과 모어는 인간의 악을 치유하는 방법으로 이상향을 제시했다. 그러나 스위프트는 그런 이상향은 완벽하게 합리적이고 절대적으로 순수한 존재에게만 적합하다는 것을 보여주고 있다. 그곳에는 치유를 필요로 하지 않는 존재들만 살 수 있다.

　　제4부의 나머지 부분에서는 걸리버의 자만심을 보여준다. 그의 자만심은 말이 되고 싶어 하는 특이하고 왜곡된 자만심이다.

Chapter 9

후이늠들의 회의

걸리버의 주인은 후이늠들의 회의에 참석하고 돌아와서 걸리버에게 회의에서 있었던 일을 이야기해 준다. 주인의 말에 따르면 어떤 후이늠이 불결하고 사악한 야후들을 없애 버려야 한다고 주장했다. 야후들은 후이늠 나라에서 태어나지도 않았기 때문이다. 게다가 이들은 혐오감을 일으킨다. 야후들이 늘어나게 된 것은 짐을 운반하는 데 쓰였기 때문이었다. 후이늠들이 쓸모있고, 냄새도 좋고, 열심히 일하는 당나귀를 사육했더라면 더 좋았을 것이다. 걸리버의 주인은 회의에서 걸리버의 생각을 빌려 주장을 내세웠다. 영국에 있는 야후들이 후이늠들을 거세시킨다는데, 이곳에서 후이늠들이 야후들을 거세시키지 말라는 법이 있는가?

걸리버는 후이늠들에 대해 좀더 이야기해 준다. 후이늠들은 합리적이고 건강한 종족이다. 그리고 일식과 월식의 원리를 이해한다—이것이 그들이 천문학에 대해 알고 있는 전부다. 시간을 측정하는 데에는 월 단위만 사용한다. 문학은 존재하지 않지만 시를 지을 줄 안다. 시의 내용은 도덕적이고 예리하다. 악을 표현하는 단어는 야후가 유일하다. 후이늠들의 집은 꾸미지는 않았으나 깨끗하고 편리하다. 그리고 우리가 손가락을 사용하는 것처럼 발굽을 사용하는데, 후이늠들이 더 능숙하다. 죽은 후이늠은 빨리 묻는다. 장례의식도 없고 애도하지도 않는다.

인물 탐색 이 부분에서 스위프트는 야후로 대변되는 인류를 계속 공격한다. 가장 적나라한 예는 총회에서 벌어진 야후의 지위에 관한 논의다. 야후를 제거하기 위해 내세운 주장은 주목할 만하다. 야후들은 '자연이 낳은 동물 중 가장 불결하고 시끄러우며 기형적인 동물'이다. 그리고 '정신없고 말도 안 듣고 장난이 심하고 심술궂다'. 야후를 묘사하는 데 사용된 표현들은 갈수록 '점점 더 추해진다'. 그뿐만 아니라 걸리버는 독자에게 야후들이 무리를 이루어 살게 된 것은 후이늠들이 그들 사회에서 기본 노동에 필요한 '당나귀 사육을 소홀히 했기' 때문이라고 말한다. 간단히 말해 야후는 자연적이지 못한 짐승이며 다른 동물들도 모두 싫어한다. 스위프트는 야후들이 유럽인들보다 조금 더 타락했을 뿐이라고 암시함으로써 진보를 지지하는 철학자들을 공격하고 있다.

인물 탐색 걸리버는 야후들을 참아내지 못한다. 심지어 야후 제거 방법까지 제안한다. 그러나 이성과 옷을 제외하면 걸리버가 야후와 무척 닮았다는 것을 잊지 말자. 더구나 사실 그는 야후다. 그런데 왜 이렇게 행동하는 것일까? 걸리버에게는 강하지만 병적인 자만심이 있다. 이 자만심 때문에 동족에게 혐오감을 느끼는 것이다. 그래서 인간의 가장 추악한 면을 쳐다보지도 못하고 받아들이지도 못한다. 자신과 닮지도 않고 자

애롭지도 않으며 냉정한 이성적인 말들이 훨씬 더 나은 존재
로 보이기 때문에 말을 닮으려고 노력하는 것이다.

Chapter 10

 **후이늠이 되고픈 걸리버**

　　걸리버는 후이늠들의 생활방식에 점점 익숙해진다. 그는 작은 방을 혼자 쓰게 되었고 의자 두 개도 얻었다. 동물가죽으로 옷을 지어 입기도 하고 야후의 가죽으로 신발을 만들어 신기도 한다. 그리고 빵과 꿀을 자주 먹는다. 후이늠들이 허락해 걸리버는 그들이 나누는 대화를 듣는데, 그 내용은 점잖고 절제 있으며 예의바르고 고결하다. 이곳 야후들과 유럽의 야후들은 후이늠에 비하면 혐오할 만하다. 걸리버는 최대한 정성을 기울여 후이늠의 걸음걸이, 언행, 예절을 따라하기 시작한다.

　　걸리버가 후이늠이 되려고 하자 많은 후이늠들이 놀라워한다. 후이늠들은 걸리버가 옷을 입고 있고 이성도 조금 갖추었으며 섬세한 감정도 남아 있지만 야후로 간주한다. 또한 걸리버가 다른 야후들을 규합해서 폭동을 일으킬까봐 우려한다. 이들은 걸리버의 주인에게 이상한 애완동물 걸리버를 야후처럼 기르든지, 아니면 고향으로 헤엄쳐 돌아가게 하라고 충고한다. 걸리버에게는 청천벽력 같은 소리다. 그는 차라리 죽음을 택하겠다고 생각한다. 그러나 걸리버는 결국 후이늠 나라의 해안에서 보이는 섬으로 가기로 마음먹는다. 이렇게 결심을 굳힌 걸리버는 조랑말 하인의 도움으로 배를 만든다. 배는 야후의 가죽으로 덮고 물이 새지 않도록 야후의 지방을 바른다. 이제 떠날 시간이 다가온다. 걸리버는 마지막으로 주인의 발굽에 엎드려 입 맞추게 해달라고 부탁한다.

독자들은 앞부분에서 이미 걸리버의 자만심이 어느 정도까지 작용할 수 있는지 보았다. 예를 들어 제2부에서 걸리버는 스스로를 거인과 동일시한 바 있다. 이제 그는 자신을 말과 동일시하고 있다. 걸리버가 거인과 동일시한 것은 우스꽝스러운 효과만을 냈다. 그러나 제4부에서 말들과 같아지려는 걸리버의 노력은 좀더 의미심장하다. 말은 걸리버와는 다른 종족이다. 겉모습만 보더라도 후이늠과 걸리버는 전혀 닮지 않았다. 그런데도 걸리버는 오히려 야후를 자신과는 다른 동물로 생각한다. 그는 야후의 털로 덫을 만들고, 야후의 가죽으로 신발을 만든다. 배도 야후의 가죽으로 덮고, 야후의 지방으로 방수처리를 한다. 천성적으로 타락한 사촌격의 종족인 야후들과 자신이 다르다고 생각한 걸리버는 유럽 야후들과도 다르다고 생각한다. 그는 거의 정신이상 상태에 이른다. 바로 자만심 때문이다. 스위프트는 후이늠들이 걸리버를 멀리 보내 버렸을 때 '파괴에 전념한'이라는 말을 사용해 그런 위험을 경고하고 있다. 자만심이 지나쳐 자비와 겸손을 멀리하는 사람들을 뜻하는 이 문구는 신학적 의미를 담고 있다.

걸리버는 "내 가족과 친구들, 조국의 사람들, 더 나아가 인류 전체를 생각해 보면 그들의 본래 모습이 무엇인지 알게 된다. 그들은 겉모습과 행동에서 야후이고 단지 조금 더 문명화되었을 뿐이다"라고 말한다. 이는 본질적으로 그가 자신을 낳아준 사회(아내와 가족을 포함해서)를 거부한다는 것을 의미한다. 그는 '자연의 완벽함'인 후이늠들의 사회에 받아들여지기를 희망한다. 걸리버는 예를 들어 "본능은 쉽게 충족된다", "필요는 발명의 어머니다"와 같이 후이늠들이 쓰는 격언의 의미도 몇 가지 이해한다. 그러나 "한 번 야후는 평생 야후"와 같은 함축적인 의미를 담고 있는 격언에 대해서는 막상 그 뜻을 깨닫지 못한다.

Chapter 11

 **야후 세계로 돌아오다**

걸리버는 근처 섬으로 배를 타고 가는데 그곳에서 벌거벗은 야만인들에게 공격당한다. 결국 그는 배를 타고 다시 바다로 도망치게 된다. 갈곳이 없는 걸리버는 다시 같은 섬의 다른 곳에 배를 댄다. 우연히 그곳을 지나던 포르투갈 선박이 식수를 구하기 위해 대형보트를 섬으로 보낸다. 선원들은 그곳에서 걸리버를 발견한다. 걸리버는 두려움에 몸을 떨지만 선원들에게 말울음 소리 같은 억양의 포르투갈어로 말한다. 걸리버는 야후들에게 잡혀 포로가 될까봐 두려워한다. 그러나 선장 페드로 데 멘데즈는 선한 사람이다. 걸리버는 리스본으로 돌아가고, 그곳에서 선장은 걸리버가 편히 지낼 수 있도록 최선을 다한다. 결국 페드로는 걸리버에게 영국의 집으로 돌아가라고 설득한다.

걸리버의 가족은 그를 기쁘게 맞아준다. 그들은 걸리버가 죽었다고 생각하고 있었다. 그러나 가족과의 재회는 걸리버에게는 재앙과 같다. 그는 야후 같은 아내와 자식들을 쳐다보지도 못하고 냄새도 참지 못한다. 얼마간 시간이 지난 후에야 가족과 식사를 함께 할 수 있게 된다. 그는 마음을 원상태로 돌리기 위해 많은 시간을 마구간에서 보낸다.

　　10장에서 스위프트는 걸리버가 강한 자만심 때문에 스스로 야후와 다르다고 생각했음을 보여주었다. 이제 작가는 바로 그 자만심이 동족인 야후들(유럽인들)과 다르다는 생각을 갖도록 만들었음을 보여준다. 걸리버에게 화살을 쏜 야만인들은 정신적으로 보았을 때 타락한 야후와 페드로 데 멘데즈 사이의 중간 단계에 있다. 멘데즈는 선하고 자비로운 사람

이다. 그는 합리적인 금욕주의자도 아니지만 인간의 본성에 고양된 존엄성과 천성적인 자비심이 존재한다는 이론으로 무장한 자연신 교도도 아니다. 그러나 걸리버는 이미 판단능력을 상실했다. 그는 멘데즈를 선장임에도 불구하고 야후로 취급한다. 멘데즈는 독실한 그리스도교인으로 사랑이라는 그리스도교의 덕을 보여준다. 그러나 상식을 잃은 걸리버는 야후가 덕을 보여주는 것을 불가능하다고 믿는다.

인물탐색 스위프트는 이제 인간의 기본적인 본성에 대한 설명을 마친다. 걸리버는 말이 될 수 없었다. 그는 순수하지도 않고 이성적이지도 않다. 태생적으로 볼 때 그는 야후다. 그러나 유럽의 야후들과 마찬가지로 더 나은 사람이 되려면 약간의 이성이 필요하다. 그런데 걸리버는 오히려 이성을 이용해 자신의 가장 큰 결점, 바로 자만심만 더 내세운다. 걸리버의 자만심은 부풀 대로 부풀었다. 그는 스스로를 '이성적으로' 설득해서 동족과 자신의 천성을 거부한다. 걸리버는 사실상 정신이상자다. 그가 런던으로 돌아와서 하는 행동은 조롱거리가 된다. 그가 생각으로 천성을 바꾸려 하기 때문이다. 이성이 걸리버의 인생에 유일한 나침반이 된 것이다.

Chapter 12

야후의 삶에 적응하지 못하는 걸리버

걸리버는 자신이 지금까지 얘기한 것이 모두 진실이라고 맹세하고, 모든 여행자들이 정확하고 있는 그대로를 말할 것을 의무적으로 서약하기를 바란다. 그는 후이늠의 사례가 대중에게 도움이 되기를 바란다. 그의 의도는 단지 사람들을 보다 현명하고 훌륭하게 만들려는 것이다. 또한 영국의 이름으로 자신이 발견한 것들에 대한 권리를 요구하지 않은 것에 대해 사과한다. 반면, 그 누구도 자신의 글이 영국 정치를 암시한다고 비난하지 못하리라는 점에 대해 뿌듯해 한다. 개인적인 측면에서 보면 이제 걸리버는 가족과 함께 식사할 수 있게 되었다. 그는 가끔 자신이 가족들에게 덕을 가르친다고 말한다. 마지막으로 그는 '영국 야후들이 자연이 부여한 악과 광기만으로 만족했다면' 그들과 화해할 수 있었을지 모른다고 털어놓는다. "그러나 자만심에 사로잡힌 몸과 정신에 깃든 장애와 질병을 바라보면 내 참을성은 금세 중용을 잃고 만다."

마지막 장에서 스위프트는 이전의 풍자적인 익살로 돌아온다. 걸리버는 자신이 진실을 말했다고 맹세하며, 다른 여행기 작가들이 거짓말을 한다고 비난한다. 그는 자신이 정치적 암시를 하고 있다는 점을 부인한다. 그러나 스위프트가 제3부까지 계속해서 휘그당을 공격했음은 물론이다. 독자들에게 풍자의 의미를 더욱 확실히 하기 위해 스위프트는 시논(베르길리우스의 〈아이네이스〉 2부 79-80)의 말을 인용한다. 시논*은 자신이 진실을 말했다고 선언한다. 그러나 그는 진심에서 우러나온 거짓말을 하고 있는 것이다.

인물탐색 걸리버가 고향에서 지내는 모습을 묘사한 마지막 부분에서 우리는 그가 여전히 말이 되려고 하는 것을 볼 수 있다. 걸리버가 자만심에 대해 마지막 경고를 내리는 이 장면은 우스꽝스럽다. 이 작품은 큰 반어법의 효과를 보며 끝난다. 걸리버가 비난하는 자만심의 대표적인 사례가 바로 자기 자신이기 때문이다.

---

* **시논**(Sinon): 그리스 신화에 나오는 전쟁 영웅. 트로이 전쟁에서 일부러 포로가 되어 트로이의 목마를 적군의 성 안으로 끌어들이는 중요한 역할을 맡는 인물이다.

인물분석
노트

○ 레뮤얼 걸리버

　　걸리버는 찢어지게 가난한 집안에서 다섯 형제 중 셋째로 태어난 평범한 인물이다. 그는 누가 봐도 착하고 견실한, 그러나 상상력은 부족한 전형적인 영국인이다. 게다가 이름만 보아도 짐작할 수 있듯이 그는 '순진하다'. 사람들이 하는 말을 그대로 믿는다. 그는 정직한 사람이고, 다른 사람들도 정직하리라 생각한다. 이런 그의 믿음은 해학과 풍자를 낳는다. 독자는 걸리버의 이야기가 사실이라고 믿으면서도 그가 상황을 항상 정확하게 이해하는 것은 아님을 눈치챈다. 결국 매우 상세하면서도 진지하기 때문에 웃음을 자아내는 장면들이 계속 등장한다.

　　제1부에서 걸리버는 릴리풋의 소인들보다 도덕적으로 우월하다. 릴리풋의 소인들은 비열하고 잔인하고 편협하고 이기적이다. 도덕적으로나 정치적으로나 걸리버는 이들보다 우월하다. 이 부분에서 스위프트는 걸리버를 통해 명예, 감사, 상식, 친절을 중시하는 사람은 보통 사람이라는 점을 분명히 보여주었다. 정치가(릴리풋의 소인)는 도덕적인 인간(걸리버)과 비교했을 때 비유적으로나 직설적으로나 난쟁이다.

　　브롭딩낵(제2부)에서 걸리버는 여전히 평범하고 도덕적인 사람으로 나온다. 그러나 브롭딩낵의 주민들은 도덕적으로 '거인'이다. 물론 거인들이 완벽하지는 않다. 그렇지만 걸리버와 비교했을 때의 도덕적 우월성은 그들의 키만큼이나 크다. 영국에 대한 애국심 때문에 걸리버는 매우 자만한 태도를 보이며 영국 정치 및 사회의 광기와 부도덕함을 마치 자연스럽고도 당연한 규범인 것처럼 받아들인다. 처음으로 걸리버는 위선적인 모습을 드러낸다. 그는 조국인 영국의 비열한 모습을 감추기 위해 브롭딩낵의 왕에게 거짓말까지 한다. 걸리버의 도덕적 수준은 브롭딩낵 거인들을 결코 따라갈 수 없다. 걸리버가 영국인들을 릴리풋의 소인들과 동일시함으로써 브롭딩낵 거인들의 도덕적 우월성은 더욱 강조된다. 이는 걸리버를 어리석게 만드는 효과를 내기도 한다. 걸리버가 스스로를 도덕적 거인이라고 생각함으로써 그의 광기와 자괴감이 드러나기 때문이다. 이 모든 문제의 근본은 걸리버의 자만심이다. 걸리버의 자만심은 자신의 모습을 거울에 비춰보지 못하는 장면에서 가장 극적으로 표현되어 있다.

제4부에서 걸리버는 후이늠으로 구현된 순수한 이성과 타락한 야후로 구현된 순수한 동물성의 중간에 놓인다. 걸리버는 자만심 때문에 자기 안에 있는 야후의 모습을 인정하지 않는다. 그리고 자신을 후이늠과 동일시하며 실제로 후이늠이 되려고 노력한다. 그러나 후이늠은 걸리버와 다르다. 그런데 걸리버는 야후를 자기와는 다른 동물이라고 생각한다. 자연적으로 타락한 사촌격인 야후와 자신이 다르다고 생각한 걸리버는 유럽의 야후들과도 다르다고 여기게 된다. 걸리버는 자만

심으로 미치다시피 한다. 그는 스스로를 '이성적으로' 설득해서 동족과 자신의 천성을 거부한다. 걸리버는 사실상 정신이상자다. 런던으로 돌아온 후의 행동은 조롱거리가 된다. 그가 생각으로 천성을 바꾸려 하기 때문이다. 이성이 걸리버의 인생에 유일한 나침반이 된 것이다.

마지막 부분에서 걸리버는 야후와 함께 살아가면서 야후의 생활에 적응하기 위해 노력하는 모습을 보여준다. 이야기를 마치며 그는 영국 야후들이 '자연이 부여한 악과 광기만으로 만족했다면' 그들과 화해할 수 있었을지 모른다고 털어놓는다. "변호사, 소매치기, 대령, 광대, 귀족, 노름꾼, 정치가, 호색가, 물리학자 같은 부류들을 보고 놀라는 사람은 없다. 세상만사가 다 그런 것이다. 그러나 자만심에 사로잡힌 몸과 정신에 깃든 장애와 질병을 바라보면 내 참을성은 금세 중용을 잃고 만다."

○ 릴리풋의 소인들

릴리풋의 소인들은 키가 15센티미터밖에 되지 않지만 보통 인간과 똑같은 허영심과 자만심을 가지고 있다. 이들은 치사하고 심술궂고 사악하고 도덕적으로 타락했다. 또한 위선적이고 기만적이며 시기심과 질투심이 많고 탐욕과 배은망덕한 마음으로 가득 차 있다. 사실 릴리풋의 소인들은 인간 그대로의 모습이다.

스위프트는 릴리풋의 소인들을 통해 자신이 알고 있는 특별한 사건과 인물들을 풍자한다. 예를 들어 플림냅의 모델은 휘그당의 지도자이자 근대적 의미에서 영국 초대총리를 지냈던 로버트 월폴이다. 스위프트가 월폴을 최고의 줄타기곡예사로 비유했듯이 그는 책략이 뛰어난 정치가였다. 줄타기곡예의 2인자인 렐드레살은 타운센드 자작이나 카터릿 남작을 상징하는 것으로 보인다. 두 사람은 모두 월폴의 정치적 동맹자였다.

걸리버가 자유로운 몸이 되기 위해 서명한 약정서 조항들은 릴리풋의 정치를 영국의 정치와 비교한 것이다. 조항 자체는 영국의 특정 관례와 법을 상징한다. 또한 걸리버가 터무니없고 복잡한 방법(그는 왼손으로 오른발을 잡은 상태에서 오른손 중지를 이마에 대고, 다시 오른손 엄지손가락을 귀 윗부분에 대고 서야 했다)으로 조항을 지키겠다는 맹세를 한 것은 휘그당이 실시한 정책의 이면, 즉 비열하고 성가신 관료주의를 가리킨다.

또한 스위프트는 릴리풋 소인들을 통해 영국 정치가들이 잔인하고 믿을 수 없는 사람들이라는 것을 보여주고자 했다. 그는 릴리풋 소인들이 걸리버의 목숨을 빼앗기 위해 사용하기로 한 비인간적이고 잔인한 방법을 묘사한 직후 왕들의 자비, 예의, 관용, 정의를 반어적으로 언급했다. 잔인한 릴리풋 황제는 걸리버의 눈을 멀게 하고 굶겨 죽일 계획을 세운다. 이 게

획은 조지 2세가 구속된 재커바이트들을 다루었던 방법을 직접적으로 가리킨다. 조지 2세는 하원으로부터 가장 자비롭고 관대한 왕이라는 칭송을 들은 후 재커바이트들을 사형시켰다.

제1부의 마지막 부분에서 스위프트는 순진하더라도 평범한 인간(걸리버)과 작지만 교활한 정치가(릴리풋의 소인들)를 기발하면서도 구체적이고 상세한 방법으로 비교했다. 정치가는 걸리버에 비하면 항상 작게 그려졌다.

○ 브롭딩낵의 거인들

브롭딩낵의 거인들은 도덕적 초인을 상징한다. 키가 18미터나 되어 육체적으로도 거대하지만 도덕적 수준도 그만큼 높다. 브롭딩낵은 실질적이고 도덕적인 이상향이다. 브롭딩낵의 거인들에게는 선한 의지와 잔잔한 덕성이 깃들어 있다. 이들의 법은 자비심을 조장한다. 그러나 이 거인들의 바탕에는 모든 인간이 그렇듯 결점 때문에 괴로워하는 인간적인 모습이 숨어 있다. 이들은 너무 몸집이 커서 육체적으로 볼 때는 추하지만 도덕적으로는 아름다운 존재다.

브롭딩낵의 도덕심이라는 배경 속에서 브롭딩낵의 거인들과 비교된 걸리버의 평범함은 많은 결점을 드러낸다. 걸리버는 매우 자만심이 강한 사람이 되어, 유럽 정치가들과 정당들, 그리고 유럽 사회가 보이는 광기와 부도덕함을 당연한 것으로 받아들인다. 게다가 걸리버는 유럽인들이 비열해 보이지 않도록 거짓말까지 한다. 브롭딩낵의 왕은 걸리버가 하는 말에 속지 않는다. 그는 영국인들이 해충이라고 말한다.

　　그럼에도 불구하고 거인들에게 결점이 하나도 없는 것은 아니다. 걸리버는 릴리풋의 주민들을 크기만 작을 뿐 사람이라고 생각했다. 그러나 브롭딩낵의 거인들은 걸리버를 몸집 작은 브롭딩낵 사람이라고는 생각하지 않는다. 걸리버를 진심으로 아끼던 왕마저도 그를 재미있지만 교활한 작은 사람, 즉 믿을 수 없는 사람으로만 본다. 브롭딩낵 궁전의 궁녀들은 걸리버를 장난감 취급한다. 궁녀들에게 걸리버는 남자가 아니라 장난감에 불과하다. 그래서 걸리버 앞에서 추호의 부끄러움도 없이 벌거벗거나, 나체가 된 걸리버를 자기들 몸에 부비며 간질이는 것이다. 그러나 이렇게 걸리버의 인간성과 남성다움을 부정하며 걸리버를 추행했더라도 그것은 재미삼아 한 일이지 골탕 먹이려는 것이 아니다. 비록 브롭딩낵 거인들이 완벽한 존재는 아니지만 이들이 도덕적이라는 점은 변함없다. 브롭딩낵에서는 아이들과 불구자들만이 의도된 악의를 품는다.

　　스위프트는 브롭딩낵의 거인들을 칭찬하지만 그렇다고 독자들이 그들을 완벽한 인간으로 여기기를 원하지는 않았다. 거인들은 우리와 같은 인간이지만 도덕적으로는 훨씬 위대한 초인간들이다. 우리는 이들의 덕성을 따라갈 수 없다. 도덕적인 거인의 수준에 도달하려면 크게 성숙해야 하기 때문에 결국 소수의 인간만이 그 수준에 닿을 수 있을 뿐이다.

○ 후이늠들

걸리버가 후이늠이라는 말을 묘사하는 방식은 거의 전원시에 가깝다. "이 동물들의 행동은 (중략) 질서정연하고 이성적이며 (중략) 예리하고 사리에 밝다." 그도 그럴 것이 야후들로부터 걸리버를 구해낸 것이 바로 말이었다. 그것도 길 위에 모습을 드러낸 것 이상의 행위는 필요하지 않았다.

후이늠들은 전적으로 이성에 충실한 소박한 삶을 산다. 그들의 언어는 분명하고 행동은 공정하며 법체계도 간단하다. 그들은 옳은 것이 무엇인지 판단할 줄 알고 그에 맞게 행동한다. 탐욕, 정치 혹은 정욕 때문에 갈등을 겪지도 않는다. 그들은 청결하고 평화롭고 잔잔한 삶을 영위한다. 그들은 이성을 키우고 전적으로 이성에 의해 지배되라는 위대한 격언을 지키며 산다. 후이늠 사회는 너무나 완벽해서 거짓말이라는 개념 자체가 존재하지 않는다. 따라서 거짓말을 표현하는 단어도 없다. 나쁘다는 것을 가리키는 말은 야후가 전부다.

스위프트는 후이늠이라는 말이 '자연의 완벽함'을 뜻한다고 정의한다. 이 정의는 중요한 구분의 기준이 된다. 말들은 열정 때문에 부패하지 않았고 천하거나 그렇다고 숭고하지도 않다. 예를 들어 말들에게는 자비심이라는 것이 전혀 없다. 또한 유혹에 쉽게 넘어가지도 않는다. 그러나 스위프트는 후이늠이 완벽한 인성을 상징하는 것으로 보지 않았다. 후이늠은 오히려 순수한 인성을 나타낸다. 후이늠의 행동과 말, 생각은 인간의 습성과 유사하지만 후이늠의 성격은 걸리버와 전혀 다르다. 인간이라면 대부분 쉽게 용서하는 많은 행동들을 후이늠들은 모르고 있다. 예를 들어 이들은 거짓말이라는 것을 모르며, 거짓말을 해야 할 필요성 자체도 이해하지 못한다.

스위프트는 인간이 존재할 수 있는 범위를 정했다. 말들은 글자 그대로 순수하고 종교적 의미에서 한 번도 '타락'하지 않은 존재다. 반면, 야후는 매우 감각적이고 타락했다. 후이늠은 냉철한 이성을 상징하고 야후는 불타는 관능을 상징한다. 그리고 이 양극 사이에 바로 걸리버가 있다.

○ 야후들

야후는 걸리버가 후이늠 나라에서 가장 먼저 만난 인간을 닮은 존재다. 야후가 인간과 닮았다는 것을 깨닫지 못한 걸리버는 야후를 동물처럼 묘사한다. "흉측하고 (중략) 머리와 가슴에는 뻣뻣한 털이 나 있고 (중략) 그러나 몸의 나머지 부분은 벌거숭이였다. (중략) 꼬리는 없고 뒷다리로 자주 서 있곤 했다. (중략) 지금까지 여행하면서 이렇게 불쾌한 동물은 본 적이 없다"고 말한다.

야후들은 몸과 얼굴은 완전히 인간이지만 사실은 동물일 뿐이다. 이들은 더럽고 악취를 풍긴다. 또 잡식성이지만 고기와 쓰레기를 더 좋아한다. 야후들은 "자연이 낳은 동물 중 가장 불결하고 시끄러우며 기형적인 동물"이다. 그리고 "정신 없고 말도 안 듣고 장난이 심하고 심술궂다."

그러나 야후는 단순히 동물이 아니라, 천성적으로 사악하고 타락한 인류를 상징한다. 스위프트는 의도적으로 불결하고 역겨운 단어들을 써서 야후들을 묘사한다. 그리고 오물에서 비롯된 은유를 자주 사용하기도 한다. 야후를 묘사하기 위해 사용되는 표현들은 갈수록 점점 더 추해진다.

스위프트는 걸리버를 초이성적이고 순수한 말인 후이늠과 불결하고 타락한 야후의 중간에 놓는다. 비유적으로도 그렇고, 실제로도 그렇다. 그러나 걸리버는 야후들을 보자마자 지나치게 혐오감을 느끼고 야후가 자신과 닮았다는 사실에 경악한다. 걸리버에게는 겸손함이 부족해서 자신을 야후로 인정하지 못한다. 자만심 때문에 그는 오히려 말이 되고자 한다. 걸리버는 확고한 결심을 세우고 자신을 더 나은 사람으로 만들고자 노력하고 좀더 말과 같은 상태에 도달하려 한다. 그러나 걸리버는 실패할 것이다. 그 이유는 간단하다. 그가 후이늠보다는 야후를 더 많이 닮았기 때문이다.

마무리
노트

철학 및 정치적 배경

스위프트는 〈걸리버 여행기〉로 재미있는 모험 이야기
를 쓰는 것 외에 두 가지 목적을 가지고 있었다. 그는 이야기
속에서 전반적으로는 인간본성의 치졸함을, 좀더 세밀하게는
휘그당을 풍자하고 있다. 릴리풋 소인들의 키가 15센티미터밖
에 안 된다는 사실을 강조하여 정치가, 그리고 나아가 온 인류
의 수준을 실감나게 축소시켜 놓았다. 왕비의 방에 일어난 화
재와 줄타기 곡예사들, 걸리버에 대한 고소장, 걸리버의 주머
니에서 나온 물건들을 기록한 목록 등을 통해서는 휘그당의
정치를 비판하는 일련의 암시를 전달했고, 작가와 동시대를
살았던 독자들은 그 암시를 이해할 수 있었다.

우리는 다음과 같은 질문을 던져 볼 수 있다. 스위프트
는 왜 휘그당에 대해 통렬한 비판의식을 가지고 있었을까? 스
위프트의 증오는 그가 아일랜드 교회의 대표로 정치에 입문
했을 때부터 싹트기 시작했다. 아일랜드의 주교들을 대표했던
스위프트는 앤 여왕과 휘그당으로부터 아일랜드 교회를 위한
재정지원을 얻어내려 애썼다. 그러나 앤 여왕과 휘그당은 이
를 거부했고, 이때부터 스위프트는 이들에게 등을 돌렸다. 스
위프트는 이들을 친구라고 생각했고, 윌리엄 템플 경을 위해
일하고 있을 때 이들을 도운 적도 있었다. 그는 정치적으로 토
리당을 위해 일하게 되었고 자신의 선전능력을 토리당을 위해

발휘했다. 1714년부터 1718년 사이에 일어난 정치적 사건을 바탕으로 스위프트는 릴리풋 소인들의 어리석음은 바로 영국, 특히 휘그당의 어리석음이라는 것을 독자들에게 이해시킬 수 있는 많은 암시를 〈걸리버 여행기〉에 삽입했다. 예를 들어 걸리버가 릴리풋의 황제에게 충성을 맹세하는 방법은 위트레흐트조약에 서명할 토리당의 대사들에게 신임장을 주지 않으려고 휘그당이 꾸며낸 부조리한 난관을 상징한다.

스위프트의 전략은 적중했다. 〈걸리버 여행기〉가 인기를 누렸던 것은 뛰어난 모험 이야기이면서 수수께끼와 같기 때문이었다. 독자들은 여러 등장인물들이 과연 어떤 실존인물을 가리키는 것인지 알아맞히고 찾아낸 답을 놓고 토론하고 싶어 했다. 이를 통해 많은 독자들이 정치와 정치가들을 새로운 시각으로 바라보게 되었다.

〈걸리버 여행기〉의 광범위한 구조 속에서 걸리버는 18세기 영국의 전형적 인물로 나온다. 가족과 직업이 그의 주된 관심사다. 그런데 걸리버는 정치와 정치이론을 의인화한 소인들을 만나게 된다. 걸리버는 릴리풋 정치가들의 어리석음을 결코 따라갈 수 없다. 따라서 걸리버와 릴리풋의 소인들은 영원히 평행선을 달리는 것으로 독자들에게 비쳐진다. 독자들은 걸리버의 불완전하지만 정상적인 도덕적 삶과 릴리풋 제국의 황제, 총리, 밀고자들의 비열하고 어리석은 정치 인생이 얼마나 다른지 인식하게 된다.

제2부에서 스위프트는 제1부에서 사용했던 크기의 관계를 역전시킨다. 릴리풋 제국에서는 걸리버가 거인이었으나 브롭딩낵에서는 소인이 된 것이다. 스위프트는 이 차이를 이용해 도덕성의 차이를 표현하고자 한다. 걸리버는 릴리풋의 비도덕적인 소인 정치가들에 비해 정상인이었다. 제2부에서도 걸리버는 여전히 정상이지만 브롭딩낵의 거인들은 도덕적 인간이다. 거인들은 완벽하진 않지만 언제나 도덕적이다. 브롭딩낵에서는 아이들과 불구자만이 의도적인 악의를 품는다.

브롭딩낵의 도덕심이라는 배경 속에서 브롭딩낵의 거인들과 비교된 걸리버의 평범함은 많은 결점을 드러낸다. 걸리버는 자만심이 매우 강하고, 유럽 정치가들과 정당들, 그리고 유럽 사회가 보여주는 광기와 부도덕함을 당연하게 받아들인다. 게다가 걸리버는 유럽인들이 비열하게 보이지 않도록 거짓말까지 한다. 브롭딩낵의 왕은 걸리버가 하는 말에 속지 않는다. 그는 영국인들이 '해충'이라고 말한다.

스위프트는 브롭딩낵의 거인들을 칭찬하지만 그렇다고 독자들이 그들을 완벽한 인간으로 여기기를 원하지는 않았다. 거인들은 우리와 같은 인간이지만 도덕적으로 우리보다 훨씬 위대한 초인들이다. 우리는 이들의 덕성을 따라갈 수 없다. 도덕적인 거인의 수준에 도달하려면 크게 성숙해야 하기 때문에 결국 소수의 인간만이 그 수준에 닿을 수 있을 뿐이다.

브롭딩낵은 실질적이고 도덕적인 이상향이다. 브롭딩

넉의 거인들에게는 선한 의지와 잔잔한 덕성이 깃들어 있다. 이들의 법은 자비심을 조장한다. 그러나 이 거인들의 바탕에는 모든 인간이 그렇듯 결점 때문에 괴로워하는 인간적인 모습이 숨어 있다. 이들은 너무 몸집이 커서 육체적으로 볼 때는 추하지만 도덕적으로는 아름다운 존재다.

제1부와 제2부에서 스위프트는 추상적인 개념에 대한 맹렬한 공격을 퍼붓기보다는 개별적인 대상을 염두에 두고 풍자를 가한다. 제1부에서는 추상적 의미의 정치가보다는 구체적으로 휘그당의 정치와 정치가들을 겨냥한다. 제2부에서는 추상적인 비도덕성보다는 구체적으로 비도덕적인 영국인들을 비난한다. 제3부에서는 스위프트의 목표가 다소 추상적으로 변한다. 예를 들면, 이성 안에 깃든 자만심 같은 것이다. 그는 고양된 이성 때문에 타락한 동시대인들을 꼬집어 비난하고 있다. 스위프트는 오랜 숙적인 근대인들과 그 아류라 할 수 있는 이신론자 및 합리론자들을 공격한다. 이들의 신념과는 정반대로 스위프트는 인간은 이성을 발휘할 수는 있으나 완전하게 이성적일 수는 없다고 생각했다.

스위프트가 비난하는 이성에 대한 사랑은 16세기와 17세기에 유행했던 합리론에서 나왔다. 존 로크가 주장했던 자연법사상은 이성에 관한 데카르트의 이론과 함께 널리 읽혔다. 이후 막연하게나마 연관성을 갖고 있던 종파들이 이 이론들에 다른 이론들을 섞어 신흥종교를 탄생시켰다. 이들은 스스로를 이신론자라고 칭했다.

일반적으로 이신론자들은 인간이 이성을 사용하여 세계를 정확히 관찰할 수 있으며 본능적으로 공리를 인식할 수 있다고 믿었다. 이들은 인간이 이러한 능력을 가졌기 때문에 종교적 진리에 도달할 수 있다고 주장했다. 따라서 성서에 나오는 계시는 불필요했다. 정통신학에서는 이성은 항상 신과 도덕에 의존하고 있다고 보았다. 이신론자들은 바로 이런 개념을 거부했다. 이들은 계시종교를 공격한 것이다. 성서가 묘사하는 신을 이성이 입증할 수 있다면 신은 성서에 나오는 신과는 상당히 다르다는 결론이 나온다고 주장했다. 해답은 이성으로 추론하는 자가 택하는 경험적 지식과 공리에 따라 다르다.

스위프트는 〈걸리버 여행기〉를 쓰기 전에 이미 이성 안에 깃들어 있는 지나친 자신감에 반대했다. 풍자적인 작품 〈그리스도교 폐지 반대론〉에서 스위프트는 신앙과 계시보다 이성에 의존한 결과가 무엇인지 분명히 밝히고 있다. 그는 이성 안의 뻔뻔한 자만심이 불신을 낳고, 불신은 비도덕성을 낳는다고 주장했다. 스위프트는 종교가 사회의 도덕성을 유지해준다고 믿었다. 신앙심과 계시를 바탕으로 신을 믿지 않으면 인간은 도덕을 불신하는 위험에 빠진다는 것이다.

스위프트는 합리론은 이신론을 낳고, 이신론은 다시 무신론을 낳으며, 무신론은 결국 비도덕성을 낳는다고 믿었다.

이성을 추앙하는 사람은 전통과 상식을 버린다. 그러나 인간이 살인이나 매춘, 음주를 부도덕한 행위라고 판단하게 해주는 기준은 바로 전통과 상식이다. 그런데 도덕적이기 위해 이성에 의존하는 사람은 음주와 매춘, 살인을 하지 말아야 한다는 근거를 찾을 수 없다. 그렇다면 이성적으로 따져 볼 때 인간은 이런 짓들을 저지를 수 없는가? 스위프트는 이성보다는 의지가 우리의 행동을 좌우하는 경우가 훨씬 더 많다고 믿었다.

알렉산더 포프는 스위프트의 관점에 동조했다. 그는 〈인간론〉에서 인간의 인식능력은 정확하지 않다고 지적했다. 인간의 공리는 모순적인 때가 많으며 합리적인 사회생활 체계도 너무 추상적이어서 무의미하다. 그는 사람들이 전반적으로 자애심과 자만심으로 가득 차 있다고 강조했다. 따라서 인간은 객관적인 이성적 존재가 될 수 없다. 스위프트도 분명 동의했을 것이다.

제3부에 등장하는 라퓨타의 조직체계는 과장된 면이 있지만 스위프트의 관점은 분명하고 구체적으로 드러난다. 이런 조직화는 자만에 빠진 합리론의 발현이다. 라퓨타 사람들은 너무 추상적 사고를 하기 때문에 상식을 잃어버렸다. 이들은 추상적 사고에 너무 골몰한 나머지 음식까지도 기하학적인 모양이나 악기 모양으로 만든다. 모든 것은 추상적 사고가 되었고, 그 결과 집단망상과 혼란만 초래되었다. 라퓨타 사람들은 유용한 것은 만들지 못한다. 그래서 몸에 맞는 옷도 만들지

못하고, 집도 똑바르게 짓지 못한다. 이들은 사고(思考)하지만 단지 추상적인 사고 그 자체를 위해 사고할 뿐이다. 그리고 결과는 전혀 고려하지 않는다.

스위프트는 역시 비슷한 방법으로 문헌학과 인문학이 루그낵 사람들에게 가장 중요한 이익과 등지고 있음을 보여준다. 발니바비에서는 실용과학이 실패하고 만다. 스트룰드브룩들은 경험을 쌓았지만 더 행복해지거나 현명해지지 않는다. 스위프트는 어리석음과 부도덕함, 잔인함은 이기적인 정치가들이 강요한 추상적 정치이론에서 비롯된다는 것을 보여줌으로써 당시 정치행태를 풍자하고 있다. 그는 평범한 사람들이 고통받는다고 주장한다. 또한 라퓨타 이론가들과 라퓨타의 왕이 보여주는 어리석음을 통해 조지 가의 정치적 실수를 암시한다.

〈걸리버 여행기〉는 "인간은 왜 부도덕하고 잔인할 때가 많은가"라는 질문과 "왜냐하면 인간은 자신의 가장 나쁜 점에 굴복하기 때문이다"라는 답의 변주곡처럼 구성되어 있다. 인간은 무척 복잡한 동물이다. 인간은 지성과 이성, 그리고 자비심과 감정의 수많은 결합이 낳은 결과물이다. 이성과 지성이 같은 것으로 혼동되는 경우가 많지만 이 두 가지는 서로 다르다. 감정과 자비심도 반드시 비슷한 것은 아니다. 인간이란 그가 지닌 여러 가지 성격을 혼합한 회색빛 결과물이라는 것을 아는 사람은 드물다. 인간은 극도로 단순화하는 경향이 있다.

<걸리버 여행기> 제4부에서 스위프트는 단순화된 이론을 주장하는 사람들이 얼마나 어리석은지를 보여준다. 당시에는 이성적 인간이 완벽한 인간이라는 생각이 만연했다. 스위프트는 고양된 이성이 무엇인가를 보여준다. 독자는 이성이 인간에게 가능한 것인가, 혹은 바람직한 것인가를 판단해야 한다.

후이늠들은 초월적으로 합리적인 존재다. 이들은 스토아 철학자들과 이신론자들이 옹호하는 덕을 모두 갖추고 있다. 이들의 말은 분명하고 행동은 공정하며 법체계는 간단하다. 모든 후이늠들은 참되고 옳은 것이 무엇인지 판단할 줄 알기 때문에 싸우거나 논쟁하지 않는다. 또한 인간이 겪는 이성의 불확실성 때문에 고통받지도 않는다. 그러나 후이늠들은 너무 이성적이어서 감정을 상실했다. 이들은 탐욕, 정치, 혹은 정욕 때문에 갈등을 겪지 않는다. 그리고 획일적인 선의에 따라 행동한다. 가족이라는 이유 때문에 자기 자식이 다른 후이늠의 자식보다 더 행복하기를 바라는 일은 결코 없다.

하지만 후이늠들은 말이지 인간이 아니다. 이런 육체적 차이는 추상적 차이를 상징하기도 한다. 후이늠들은 완전히 이성적이며 순수하고 타락하지 않은 존재다. 반면, 인간은 이성적일 수 있지만 완전히 이성적일 수는 없고, 또 항상 이성적일 수도 없다. 게다가 인간은 열정에 좌우되며 자만심이 강하고 타락했다. 물론 완전하게 그런 것도 아니고, 또 항상 그런 것도 아니다.

스위프트는 후이늠과 정반대되는 존재를 설정한다. 바로 감각에 지배되는 인간이 저지르는 죄의 본질을 상징하는 야후다. 그러나 야후는 단순히 동물이 아니라 천성적으로 악한 동물로 타락한 인류를 상징하는 존재다. 스위프트는 일부러 불결하고 역겨운 단어들을 사용해서 야후들을 묘사한다. 그리고 오물에서 비롯된 은유도 자주 사용한다. 야후는 분명 타락한 인류를 나타낸다. 사실 스위프트는 매우 혐오스러운 단어를 사용해 야후를 묘사했기 때문에 초기 비평가들은 스위프트가 인간을 극도로 혐오한 작가였다고 주장했다. 그러나 스위프트는 선배들이나 동시대 사람들이 쓴 설교와 신학 책자에서 그런 묘사를 따온 것이다. 만약 스위프트가 인간을 혐오했다면 성 프란키스쿠스나 성 아우구스티누스도 인간을 혐오했다고 해야 할 것이다. 오히려 스위프트의 타락한 인간에 대한 묘사는 생각보다 약하다. 한 설교 작가는 인간을 똥으로 가득 찬 자루라고 말하기도 했다. 야후에 대한 묘사를 보고 스위프트를 염세주의자로 내몰 수는 없다. 그보다는 신학자들이 아담의 자손들이 앓고 있는 돌림병이라고 여겼던 도덕적 결함과 천성적 타락을 야후가 육체적으로 표현했다고 할 수 있다.

스위프트는 걸리버를 후이늠과 야후의 중간쯤 놓는다. 걸리버는 평범한 인간이다. 그가 이성을 지나치게 중시한 나머지 비이성적 인간으로 변해갔다는 점만 빼면 그렇다. 걸리버는 야후들을 극도로 혐오하고 후이늠들을 너무 존경한 나머지 말이 되려고 노력한다.

말이 되고 싶은 욕망은 걸리버의 치명적인 나약함을 드러낸다. 잘 속고 자만심 강한 걸리버는 이성을 열렬히 신봉하게 되고, 완벽하게 이성적이지 못한 동료 인간들을 받아들일 수 없게 된다. 그는 덕과 자비심을 목격할 때조차 그것을 인정할 수 없다. 페드로 데 멘데즈는 걸리버를 구해 유럽으로 데려가는데 걸리버는 그가 말처럼 생기지 않았다는 이유로 경멸한다. 마찬가지로 걸리버가 집에 돌아갔을 때에도 가족이 말처럼 생기지 않고 냄새도 틀리다는 이유로 가족을 미워한다. 걸리버는 사물과 외관은 정확히 볼 줄 알지만 진정한 의미의 깊이는 파악할 수 없게 된 것이다.

스위프트는 이상화된 인간과 저주받은 인간, 인간의 가능한 모습과 실제 모습을 구분했다. 후이늠은 합리론자들과 스토아 철학자들의 이상을 구현하고, 야후는 죄를 지은 타락한 인류의 저주받은 모습을 상징한다. 페드로 데 멘데즈는 인간에게 가능한 덕성을 나타낸다. 대부분 사리분별을 제대로 했던 걸리버는 결말 부분에서 많이 흔들린 모습을 보여준다. 그러나 그는 우리와 같은 평범한 인간이다. 때로는 우둔하고 무엇인가에 완전히 집착하다가 다시 평온한 일상으로 되돌아오는 그런 인간이다.

작가는 추상적인 것을 매우 구체적으로 묘사하는 기교를 발휘해 초월적이고 이성적 존재인 말들은 인간에게 가능하지도 않고 유용하지도 않은 모델임을 보여준다. 후이늠은 타락한 적이 없기 때문에 속죄한 적도 없는 존재다. 따라서 열정과 이성을 통합하는 그리스도교의 덕을 가질 수 없다. 후이늠이나 야후는 은총이나 자비를 경험해 보지 못했다. 반대로 페드로 데 멘데즈와 브롭딩낵의 거인들(가장 덜 부패한 인간)이 보여준 그리스도교적 덕은 인간들에게도 가능하다. 이러한 덕은 은총과 속죄에서 나온다. 그렇다고 스위프트가 이런 신학적 관점을 강요하는 것은 아니다. 그는 풍자소설을 쓴 것이지 종교서적을 쓴 것이 아니다.

스위프트의 풍자

〈걸리버 여행기〉는 당대의 독보적인 작품이다. 이 작품이 탄생한 목적은 명예를 얻기 위해서나 사람들을 즐겁게 해주기 위해서가 아니었다. 〈걸리버 여행기〉는 고소장과 같았고 고소당한 사람들, 즉 정치가, 과학자, 철학자, 나아가 영국인들 사이에서 가장 인기가 높았다. 스위프트는 사람들을 신랄하게 비판하고 비판당하는 사람들은 독설의 잔치를 즐겼다.

스위프트 자신도 '풍자를 통해 세상을 화나게 만들려 했다'는 사실을 인정했다. 그리고 그의 의도는 무엇보다도 어투에서 드러난다. 거친 언어와 외설적인 장면 외에 바우들러가 〈걸리버 여행기〉 원본에서 삭제한 가장 중요한 요소가 바로 작가의 비꼬는 어조다. 원본의 어조는 온건한 재치에서 노골적인 조롱까지 다양하지만 언제나 조소의 특정한 층위를 담고 있다. 바우들러는 원본에서 풍자를 모두 없애고 〈걸리버 여행기〉를 어린이 책으로 둔갑시켜 버렸다.

　　이런 문학적 수술이 있은 후, 원본은 일반 독자들에게는 거의 알려지지 않았다. 빅토리아 시대 사람들이 가족의 서재를 채우기 위해 구입한 〈걸리버 여행기〉는 스위프트의 작품이 아니라 바우들러의 작품이었다.

　　그러나 스위프트의 풍자가 단지 과장의 수단은 아니었다는 점을 확실히 할 필요가 있다. 과장은 스위프트의 풍자방식의 일면이었을 뿐이다. 스위프트는 가장된 진지함과 절제된 표현을 사용한다. 그리고 모방과 익살로 웃음을 자아낸다. 먼저 덕을 이야기한 다음, 곧바로 덕을 악으로 바꿔 버린다. 그는 신성불가침의 영역을 가리지 않고 비판한다. 스위프트는 과학을 비롯하여 아이들에 대한 감정적인 태도를 폭로한다. 예를 들어 릴리풋의 아이들은 태어나자마자 현명하게도 부모와 떨어져 국가에 맡겨져 양육된다. 걸리버는 전작 〈겸손한 제안〉에서 아일랜드의 가난한 부모가 고급 음식을 먹기 위해 영국인에게 자식을 팔아야 한다고 제안했다.

　　스위프트는 독설가이기도 하다. 브롭딩낵의 거인이 말했듯이 인간은 '대자연이 지금까지 지구상에 태어나게 한 가장 징그러운 벌레와 같이 해로운 존재'이다. 또한 스위프트는 독설을 풀어내는 기술 중에 교묘히 감춰진 재담을 끼워 넣는다. 가짜 과학의 섬인 라퓨타 섬은 스페인어로 창녀의 땅을 뜻한다. 동시대를 살았던 학자들이 여신처럼 숭배했던 과학을 스위프트는 창녀로 규정하고, 과학에 귀의한 자들의 우스꽝스러운 행태를 표현하기 위해 제3부 전체를 할애한다.

스위프트는 맹목적인 헌신도 조롱한다. 후이늠들을 떠나면서 걸리버는 "주인을 다시 떠났다. 그러나 내가 엎드려 발굽에 입을 맞추려 하자 주인은 영광스럽게도 발굽을 내 입술로 사뿐히 올려주었다"고 말한다. 스위프트는 사실 매우 뛰어난 풍자작가이기 때문에 초기 독자들은 후이늠에 관한 부분을 제대로 이해하지 못했다. 당시 독자들은 이성을 매우 중시했기 때문에 스위프트가 덕을 악으로 탈바꿈시켰다는 사실을 깨닫지 못한 것이다. 제4부에서 걸리버는 말들을 이상화한다. 말은 순수한 이성을 상징하지만 인간은 아니다. 물론 직설적으로 우리는 말이 인간이 아니라는 것을 알고 있지만 비유적으로 보았을 때 이상화된 인간으로 보인다. 그러나 스위프트는 말을 감정이 메마르고 무감각한 매우 비인간적인 존재로 그린다. 말은 성적 쾌락도 느끼지 못하고 기쁨이나 슬픔에 푹 빠지지도 못한다. 후이늠은 냉혈적인 존재인 것이다.

〈걸리버 여행기〉는 4반세기 동안 풍자를 매개로 삼아 온 작가의 작품이다. 스위프트의 인생은 절망의 연속이었다.

그래서 풍자는 스위프트가 적들과 인류에 대해 사용한 불평과 자기방어의 수단이었다. 그는 사람들이 일반적으로 우스꽝스럽고 비열하고 탐욕스럽고 자만한다고 믿었다. 스위프트에게 인간은 분별과 어리석음의 혼합물이다. 다시 말해 인간은 많은 것을 이루었지만 될 수 있었던 것과 할 수 있었던 것을 이루지 못해 추락하고 말았다.

스위프트가 당시의 전형적인 낙관주의자는 아니었음이 자명하다. 그는 당시 영국인 대부분이 믿었던 것처럼 과학의 시대가 승리하리라고 생각하지 않았다. 과학과 이성은 한계가 필요했고 인문주의의 바람직한 중용이 필요했다. 과학과 이성은 절대적인 헌신을 필요로 하지 않았다.

스위프트는 동시대 사람들이 이성을 철학의 존재이자 목적으로 쉽사리 생각하는 것을 보고 대단히 놀랐다. 스위프트는 사람들이 너무 잘 믿어서 결국 비이성에 이르렀다고 생각했다. 그래서 라퓨타의 비실용적인 과학자들과 후이늠의 비인간적이고 이성적인 존재를 우스꽝스러운 한계를 드러내는 과학과 이성의 상징으로 사용한 것이다. 사실 스위프트는 사람들에게 새로운 도덕적 관점을 알리기 위해 〈걸리버 여행기〉를 썼다. 이 관점을 통해 스위프트는 독자들이 정치놀음과 인간사회의 어리석음을 새롭게 바라보도록 해서 분노하게 만들고 싶었던 것이다.

스위프트 vs. 걸리버

조너선 스위프트는 물론 리뮤엘 걸리버가 아니다. 그가 걸리버를 자신의 가면이나 대변인으로 활용한 것도 아니었다. 매우 오랫동안 비평가들은 〈걸리버 여행기〉의 작가에게 분노했다. 〈걸리버 여행기〉를 끝까지 읽고 난 비평가들은 스위프트가 자신의 광기와 인간혐오증을 걸리버에게 불어넣었다고 생각했다. 예를 들어 새커리는 스위프트가 '외설스러운 언어와 외설스러운 생각으로 (중략) 격렬하고 음탕한' 책을 썼기 때문에 '야유 받아' 마땅하다고 했다. 스위프트의 초기 비평가들은 걸리버가 야후를 경멸하고 후이늠을 숭배했던 것이, 걸리버의 성격이었음을 잊어버렸거나 큰 충격에 휩싸여 제대로 보지 못했다. 걸리버는 우화적인 모험 이야기를 이끌어가는 인물로 스위프트가 만들어낸 등장인물이지 걸리버가 창작자는 아니다.

걸리버는 단순하고 순진하다. 스위프트는 영국 문학사에서 매우 복합적인 인물 중 한 사람이다. 그는 초기 비평가들을 화나게 만들었고, 비평가들은 분노를 분출시키기 위한 희생양이 필요했다. 만약 걸리버가 릴리풋의 소인들과 계속 있었다면 비평가들은 스위프트와 걸리버를 동일하게 보지 않았을 것이다. 그런데 걸리버가 야후와 후이늠이라는 양 극단의 중간적 존재가 되자 작가의 풍자는 좀더 노골적이 된다. 스위프트는 제4부에서 영국인이나 정치가뿐만 아니라 인류 전체를 비난한다. 그러나 인류가 하찮은 존재라고 말하는 사람은 스위프트가 아니고 걸리버다. 스위프트가 야후와 후이늠이라는 대비되는 세상을 설정한 것은 충격을 주기 위해서였다. 제대로 이해했다면 걸리버는 책이 끝날 무렵 광인이 되어 있다. 그는 사람이나 심지어 자기 가족보다도 말들과 함께 있고 싶어 한다. 걸리버가 이성을 숭상하면서도 이성이 거의 결여되어 있다는 것은 모순이다.

스위프트라는 인간과 걸리버라는 인간은 극과 극의 대비를 이룬다. 걸리버는 순수한 눈을 가진 화자이고 스위프트는 풍자작가다. 걸리버는 자신이 사실이라고 믿는 것을 말하는 반면 스위프트는 모호함을 드러낸다. 걸리버는 가능한 한 정확하게 말하려고 하지만 자신이 본 것이 내포하는 의미는 깨닫지 못하는 경우가 많다. 반대로 스위프트는 그 내포된 의미를 깨우쳐준다. 예를 들어 걸리버는 릴리풋 소인들의 키에 깊은 인상을 받는다. 그러나 스위프트는 걸리버의 설명 이면에 있는 것을 보게 해주고 릴리풋 소인들의 자구마한 체구와 거대한 생각이 겹쳐지면서 모순을 느끼게 해준다. 걸리버는 여행을 바라보는 자신의 관점을 드러내 보이는 반면, 스위프트는 걸리버가 스스로를 바라볼 수 있게끔 독자와 크게 거리를 두게 한다. 그런데 걸리버에게서 우리가 항상 믿을 수 있는 것은 보고자로서 매우 정직하다는 점이다. 걸리버는 신중하거나 상상력이 풍부한 인물이 아니어서 모험 이야기를 빼거나 덧붙이지 못한다. 바로 이런 점 때문에 그를 신뢰할 수 있다.

걸리버가 설명할 때 사용하는 어조는 작가와 주인공을 분리시키는 중요한 열쇠 중 하나다. 걸리버는 독자가 자신만큼이나 남을 잘 믿을 것이라는 가정 하에 여행 이야기를 한다. 그러나 독자는 걸리버와 같지 않다. 우리는 걸리버를 좋아하면서도 그보다 낫다는 우월감을 느낄 수 있다. 걸리버는 대단한 호기심이 있고 남을 잘 믿는 바로 그 점 때문에 자주 곤경에 처한다. 걸리버가 스위프트만큼 똑똑했다면 모험은 아예 존재하지 않았을 것이다. 아마도 스위프트는 브롭딩낵 거인들이 자신의 삶을 억압했다면 무척이나 분노했을 것이다. 그리고 거인들도 독설을 뿜어대는 일개 교구목사를 용서하지 않았을 것이다.

결국 걸리버는 인간에 대한 환상을 버렸으며 스위프트도 마찬가지였으리라고 생각할 수 있다. 그러나 스위프트는 마구간에 넣어 기르는 인간에 대해 절대 환멸감을 느끼지 않았다. 인간의 불완전함을 지적하고 이를 바로잡아 교육시키기 위한, 바로 그 이유 때문에 스위프트가 풍자작품을 썼다. 스위프트의 판사는 스위프트 자신이었다. 그러나 걸리버는 자신에 대한 판단을 후이늠들에게 맡겼다. 그리고 받아들이기는 힘들지만 결국 자신이 너무나 야후와 닮았다고 생각하게 된다. 걸리버는 후이늠의 이상을 숭배한다. 반면, 스위프트는 걸리버의 찬양을 통해 교묘하게 후이늠의 이상을 조롱한다. 그리고 후이늠의 이상은 삶의 활기가 결여된 이상임을 조금씩 밝힌다. 이렇게 해서 스위프트는 걸리버에게 비판적 사고와 추론능력이 결여되어 있음을 보여준다. 걸리버는 수학공식과 같이 생명이 없는 것을 숭배한다. 독자가 책을 덮을 때 후이늠들과 그들의 이상은 걸리버에게 매력적인 만큼 독자에게는 무의미한 것이 되고 만다.

걸리버는 책의 마지막 부분에서 실성하고 만다. 그는 비인간적인 이상을 추구하고, 너무나 인간을 닮은 인간의 아류 야후를 거부한다. 걸리버는 자신이 작성한 여행기를 여행 중 자신이 얼마나 도덕적으로 행동했는가를 보여주는 자기방어수단으로 보고 있다. 그러나 사실 〈걸리버 여행기〉는 걸리버가 매우 우스꽝스럽게 행동한 적이 많았음을 보여주는 가장 훌륭한 증거자료다. 걸리버가 상상한 독자와 스위프트가 상상한 독자는 다르다. 걸리버의 어리석음과 단순함은 그가 곤경에 처하게 되는 이유다. 그는 인간이 야후나 후이늠보다 훨씬 더 복잡한 존재라는 것을 결코 깨닫지 못한다. 단순한 인간인 걸리버는 모든 것을 비참할 정도의 극단으로 몰고 간다. 그는 유럽인임을 자랑스럽게 생각하다가 모든 인간을 혐오하게 되는 등 극적인 전환을 겪는다. 걸리버는 자신의 왜곡된 시각을 믿는 반면, 스위프트는 그렇지 않다. 카니발에서 볼 수 있는 것과 같은 당황스럽고 충격적인 거울의 이미지로서 작가는 걸

리버를 내세웠다. 우리의 허를 찌르고 확대하고 축소하고 우
리에게 새로운 시각을 주기 위해 그의 풍자가 존재하는 것이다.

이 부분은 원작에 대한 이해력을 테스트하는 난입니다. 다음의 세 가지 코너를 차례로 끝내면, 〈걸리버 여행기〉에 대한 포괄적이고 의미 있는 파악이 가능해질 것입니다.

A 다음 질문에 알맞은 답을 고르시오.

1. 〈걸리버 여행기〉는 무엇에 대한 풍자인가?

   a. 백성들에 대한 통치자의 학대
   b. 제대로 기능하지 못하는 가족의 문제
   c. 인간의 본성

2. 후이늠 나라에서 말이 나타내는 것은?

   a. 힘에 의한 지배
   b. 본성의 완벽함
   c. 권력의 얽힘

3. 이 작품에 나타나는 걸리버의 결점은?

   a. 자만심
   b. 충성심
   c. 어리석음

4. 발니바비에서 벌어지는 아카데미의 실험에 대한 스위프트의 풍자
   는 무엇에 초점을 맞추는가?

   a. 보조금
   b. 학문
   c. 연구 과제

5. 걸리버의 릴리풋 방문을 통해 스위프트는 지도자들이 가진 무엇을
   풍자하는가?

   a. 편협한 시각과 관심
   b. 거창한 이념과 계획
   c. 특정 주제에 관한 몰두

6. 브롭딩낵에서 비도덕적이고 악의적인 사람들은?

   a. 탐욕스런 농부들
   b. 불구자와 어린이들
   c. 조신들

B **원작에서 다음 인용문을 찾아, 그 장면에 대해 설명하시오.**

1. 내 가족, 친구들, 우리나라 사람들, 혹은 전체 인류를 생각해 보면 그들은 정말이지 모습과 기질… 이런 게 영락없는 야후입니다.

2. 자네 종족은 대자연이 지금까지 지구상에 태어나게 한 가장 징그러운 벌레와 같이 해로운 존재라는 걸세.

C **다음 주제에 대해 논술하시오.**

1. 혹자는 스위프트가 사람을 싫어하며 〈걸리버 여행기〉는 인류 혐오를 증명하는 작품이라고 주장한다. 이러한 평가에 동의하거나 이의가 있다면 본문의 예를 들어가며 자기 의견을 뒷받침해 보라.

2. 스위프트는 걸리버라는 인물을 어떻게 이용했는지 설명하라. 걸리버는 뚜렷한 주관을 가진 인물인지 아니면 단순하게 스위프트의 대변자에 불과했는지 생각해 보라.

3. 스위프트는 풍자를 하면서 크기와 도덕성을 연관시켰다. 특히 릴리풋과 브롭딩낵을 견주어 보며 작품 속에서 어떻게 작용했는지 설명하라.

모범답안: B. 1. 걸리버가 후이늠과 야후의 생활을 경험하고 나서 말하는, 모든 인류에 대한 자기 의견. 2. 브롭딩낵의 왕이 걸리버에게 인류 전체를 평가하며 해주는 말.

一以貫之

논술노트

낯선 시각으로 바라본 '나', 그리고 '인간' ○

실전 연습문제 ○

一以貫之는 '논어'에 나오는 말로 '모든 것을 하나의 이치로 꿴다'는 뜻입니다.

논술의 주제와 문제 유형, 제시문들은 참으로 다양하고 가지각색입니다. 그러나 그 모든 것을 하나로 꿸 수 있습니다. '인간사회의 보편적 문제들에 대한 근원적인 물음에 답하는 자기 나름의 견해'라는 것이지요. 논술은 인간이면 누구나 부닥치는 개인적 또는 사회적 문제들에 대한 자기 나름의 고민이자 성찰입니다. 논술은 자기견해, 자기 가치관, 자기 삶에 대한 솔직한 고백입니다.

一以貫之 논술 연구모임은 '자신의 물음'과 '자신의 생각'을 갖고 '자신의 글'을 쓸 수 있도록 도와줍니다.

낯선 시각으로 바라본 '나', 그리고 '인간'

타로카드 중 '바보'카드다. 이름 때문에 오해하지 않기를. 알고 있는가? 타로 카드는 0번 바보 카드에서 시작해서 22번 세계 카드에 이르기까지 결국 바보의 여행으로 이루어져 있다는 사실을. 모든 것의 시작, 새로운 세계의 시작은 떠남에 있다. 순진한 자. 호기심에 가득 찬 자만이 떠날 수 있다.

낯선 곳에서 또 다른 나를 보기

e편한세상

한 가지 질문으로 시작해 보자.

우리는 항상 생각하는가?

눈을 뜨면 어김없이 학교로, 직장으로 달려가야 하고 종소리에 맞춰 일과 휴식을 반복하다가 저녁이면 집으로 돌아와 쓰러져 잠드는 생활. 그 생활 어디에 생각이 끼어들 틈이 있을까? 우린 그저 달리면 된다. 맹목적으로.

"왜 공부하냐고? 이거 바보 아냐? 대학 가려고 하지."

"대학은 왜 가는데?"

"바보 돈벌어야지."

"돈은 왜 버는데?"

"그거야 그래야 좋은 음식과 넓은 집, 좋은 차를 탈 수 있잖아. 요즘 유행하는 급훈도 모르니? '대학 가서 미팅할래, 공장 가서 미싱할래', '30분 덜 자면 마누라가 바뀐다.'"

"근데 왜 그래야 하는데?"

"이제 슬슬 짜증이 난다. 자 그만하고 간식이나 먹으러 가자. 것두 싫다면 노래방에 가서 한 판 벌여 보든가."

우리의 대화는 항상 여기쯤에서 끝난다. 그리고 열을 낼

수록, 아드레날린이 분비될수록 세상이 꽤 괜찮다는 생각을 하게 된다. 언제부터인지는 모르지만(사실 생각하기 귀찮다) 우리에겐 이미 주어진 세계라는 것이 있다. 우린 그저 그 질서에 순응하면서 살아가면 된다. 이 얼마나 고마운 일인가!

생각해 보라, 달려가는 이 길 끝에 무엇이 기다리는지, 어떤 길을 가야 하는지, 그 선택의 자유가 오롯하게 내게 주어진 세상. 아! 그 자유의 세상이라니 얼마나 끔찍한가? 그래서 우린 오늘도 유명 강사의 말을 듣는다. 오늘도 우린 잘 나간다는 CEO의 처세술을 듣는다.

"나를 따르라! 그러면 명문대의 두터운 문도 가볍게 열릴 것이다."
"부자 되는 법, 경쟁에서 이기는 법. 이거 일도 아니에요."

그리고 달린다. 내 길이 아닌 그들의 길을. 얼마나 편한 길인가. 모든 고민이 박제가 되어 버린 세상. 너무도 투명하게 할일을 지시하는 세상. 그래서 결론은 'e편한세상'이 된다.

여행이 주는 것 — 다른 시각

정말 세상은 'e편한세상'일까?

"미국의 어느 학교에 인디언 아이들이 전학을 왔다. 어느 날 선생님이 '자, 여러분 이제 시험을 칠 터이니 준비하세요' 했다. 백인 아이들은 우리가 그랬던 것처럼 필기도구를 꺼내고 책상 가운데에 책가방을 올려 짝꿍이 엿보지 못하게 함으로써 시험 칠 준비를 했다. 그런데 인디언 아이들은 마치 게임이라도 하려는 듯 책상을 돌려 둥그렇게 모여 앉는 것이 아닌가? 그래서 선생님은 '얘들아 시험 칠 준비를 하라고 그랬잖니?'라고 화를 냈다. 이에 인디언 아이들이 말했다. '선생님 저희들은 예전부터 어려운 문제가 있을 때마다 서로서로 도와가며 해결해야 한다고 배웠어요'라고 말했다고 한다."

— 강수돌 〈나부터 교육혁명〉

우린 경쟁을 너무나 당연한 것으로 생각한다. 우리 삶의 뿌리에까지 파고든 의식. 이러한 시각에서 인디언 아이들의 시험 보는 모습은 얼마나 낯선가? 하지만 시각을 바꿔서 인디언 아이들의 입장이 되어 보자. 시험이란 어려운 관문 앞에 책가방으로 서로를 분리시키며, 다가오는 고난 앞에 철저히 혼자로서 맞서는 모습은 또 얼마나 인간답지 못한 모습일까?

〈그림 1〉

잠시 그림을 보자. 마그리뜨의 "청강실"(1958)이란 작품을 보면 교실 안이 꽉 차도록 사과 하나만 들어 있다. 물론 원작은 찾아보시도록. 마그리뜨는 지금 소인국의 교실에 청강하러 들어간 것일까? 청강도 죄이거늘 그 교실에 자신의 사과를 던져놓는 장난까지 친 것일 게다. 우리의 시각에서 사과는 당연히 호주머니 속에 있다가 선생님의 눈길이 다른 곳을 향할 때 살그머니 한 입 베어 물고 그 달콤함을 오래도록 음미해야 하는 아주 조그마한 그 무엇이다. 하지만 소인국의 교실에서 사과는 그 경이적인 크기 때문에 화가의 화폭에 담겨 영구히 기록되어야 하는 사건이 된다.

자 이제 생각이 시작된다. '낯선 시각', '나와 다름', '낯선 것'— 이제 이런 것들을 나 또는 우리가 아닌 다른 이들이란 의미에서 '타자(他者)'라고 부르자 — 을 만나는 순간, 내가, 우리가 생각하던 시험이, 사과가 전혀 다른 의미로 다가온다. 시험과 사과가 가진 또 다른 의미들이 또렷하게 떠오른다.

아침에 일어나서 세수를 할 때, 그리고 밥을 먹을 때, 직장에 가기 위해 버스 정류장까지 걸어갈 때, 친구를 만나서 인사할 때, 작별을 할 때, 우리는 사유하는가?

이런 친숙한 세계에서 사유는 작동하지 않는다. 이 경우의 사유는, 자신이 영위하는 삶의 규칙과 너무나 밀접하게 결합되어 자신의 고유성을 상실하고 있다는 점에서 오히려 무사유에 가깝다. 그러나 이러한 친숙한 세계에 타자가 도래하면, 우리의 사유는 그때서야 비로소 사유로서 깨어나게 된다. 이처럼 타자는 나를 중심으로 돌고 있는 친숙하고 편안한 세계에 낯섦과 불편함을 가지고 오는 '무엇'이다. 따라서 그것은 규칙적이고 편안한 삶을 불규칙적이고 불편한 삶으로 변화시킨다. 늘 그렇듯 편안하게 다가오던 일상이 불편해지기 시작한다. 내가 가는 길이 옳은 길인가? 수없이 많은 사람들의 희생과 소외를 딛고 서는 삶이 아닌가? 아니 별로 선하지 못한 나로서는 남들이야 어떻든 상관이 없다고 치자. 중요한 것은 이 길 위에서 나 또한 점점 죽어가고 있는 것은 아닐까? 프로스포츠에 열광하는 한편, 마음속에서 내가 이럴 때가 아닌데 하며 힘겨워하는 자신을 본 적은 없는지, 절대 읽지 못할 줄 알면서도 무엇엔가 쫓기듯이 여행을 갈 때나 화장실을 갈 때 단어장을 들고 가던 시절을 보내진 않았는지? 어쩌면 내 선택과 상관없이 주어진 길 위에서 허덕이다 서서히 말라가는 것은 아닌지? 결론은 너무도 불편한, 너무도 끔찍한 세상이 되는 것은 아닌지?

타자와 만나지 못하는 나는 사실 나로서 의식조차 될 수 없다. 그저 어제와 마찬가지로 아침에 일어나 밥을 먹고, 버스 정류장으로 갈 것이며, 어제 했던 일을 다시 하고는 지쳐서 집으로 돌아올 것이다. 마치 프로그램 된 로봇처럼. 결국 타자와 만나지 못하는 삶이란 기계처럼 고정된, 변화를 상실한, 그 결과 나를 잃어버린 삶이 된다.

그래서 우린 여행을 떠난다. '로봇과도 같은 삶'에 지친 영혼이 더 이상 못 견디겠다고 소리칠 때, 타자를 찾아 떠난다. 그래서 스위프트는 걸리버를 '여행광'으로 만들었다.

온갖 고생 끝에 집에 돌아오지만 무언가에 홀린 듯이 다시금 지금―여기의 일상을 벗어나 또 다른 타자와 만난다. 그리고 그 만남의 끝에는 바로 걸리버 자신, 자신의 이면이 있었다. 결국 모든 여행은 자기 자신에게로 향하는 떠남, 자신에게 돌아옴을 전제로 한 떠남일 수밖에 없는 것이 아닐까?

타인의 시선으로 바라본 나, 우리들의 일그러진 삶

릴리풋으로의 여행―유쾌한 풍자

제1부 '릴리풋으로의 여행'에서 걸리버는 풍자의 주체가 된다. 스스로가 거인의 시각을 획득함으로써 '타자'가 된다.

타자의 눈으로 본 인간의 삶은 왜소하고 초라하다. 스스로는 결코 알지 못하지만 그들의 삶은 그들의 키만큼이나 작다. 릴리풋의 왕이 다른 릴리풋인들보다 겨우 손톱 길이만큼 크다는 이유로 존경을 받고, 결국 소인에 불과한 그가 '릴리풋의 가장 강력한 왕, 그의 지배가 우주의 끝까지 오천 블러스트럭(약 500평방미터)이나 펼쳐진 우주의 즐거움이자 공포로 릴리풋인들에게 숭배되는 장면은, 이것만으로도 릴리풋에 대한 내용이 전부 이해될 만큼 선명하게 타자의 시각이 지니는 정체를 드러낸다. 릴리풋인들의 자만심이 얼마나 하찮은 것인지, 이제 이런 거인의 시각 앞에서 당대 인간의 삶이 지니는 부조리가 드러난다.

"이런 오락은 궁정에서 높은 관직과 총애를 받고자 하는 사람들에 의해서만 실행된다. 그들은 어려서부터 이 기술을 훈련하며, 반드시 고귀한 태생이나 인문적 교육을 받은 사람들은 아니다. 죽음이나 불명예스런 일에 의해서 고위직이 비면, 이 관직을 얻고자 하는 사람들은 황제에게 어전에서 줄타기를 해보일 기회를 주십사 간청한다. 그리고 누구든지 떨어지지 않고 가장 높이 뛰는 자가 그 관직을 얻게 된다. 주요 대신들도 그들의 기술을 보여줄 것, 그래서 그들이 이 능력을 잃지 않았다는 것을 황제에게 확인시켜줄 것을 자주 요구받는다."

능력이나 인문적 소양이 아닌, 줄타기 재주가 고위직을

얻는 방편이 되는 릴리풋의 현실은 월폴에 의해 정치 요직이 배분되던 영국 현실에 대한 풍자다. 은유적 표현이던 정치적 줄타기를 말 그대로 육체적 줄타기로 치환함으로써 당시 정치적 줄타기의 유치함을 드러낸다. 당대 영국의 종교분쟁과 이에 기인한 정치문제 역시 달걀의 뭉툭한 쪽과 뾰족한 쪽 어느 쪽을 깨야 하는가로 '높은 굽당'과 '낮은 굽당'으로 나뉘어 싸우는 것으로 풍자된다. 이 얼마나 하찮은 싸움인가!

그러고 보니 어떤가? 자연스럽게 소인들을 보며 우리의 시선은 어느덧 다시 우리에게로 돌아오고 있지 않은가?

브롭딩낵 여행—인간, 혐오스런 해충 중 가장 사악한 무리

릴리풋으로의 여행과 브롭딩낵으로의 여행의 가장 큰 차이점은 걸리버가 풍자의 주체에서 풍자의 대상이 된다는 점이다. 자신의 왜소함을 반박하기 위해 걸리버는 열정적으로 자신들이 세워낸 문명을 자랑한다. 혁명과 정치, 그리고 각종 기계와 무기 등 문명을 통해 자신의 왜소함을 보상받으려 한다. 하지만 그에게 돌아온 대답은 다음과 같았다.

"그릴드릭, 나의 친구여. 자네는 조국에 대해 엄청난 찬사를 늘어놓았네. 자네는 입법자란 무지와 나태, 사악함의 소산이란 것을 여실히 보여주었네. 또 법을 가장 잘 설명하고 해석하고 적용하는 사람들이 관심을 가지고 자신의 능력을 발휘하는 것은 법을 왜곡하고 남용하고 회피하는 일임을 가르쳐 주었네. 몇 가지 제도 같은 것이 있는 듯한데, 물론 원문 자체는 그런대로 봐줄 만하지만 그 중 절반은 폐지되었고, 나머지는 부패로 인해 완전히 퇴색하고 변질되고 말았군. 자네가 말한 것으로 미루어보면 어떤 자리를 얻으려 할 때, 덕행을 요구하는 것 같지는 않네. 인품만 가지고 보통사람이 귀족이 되고, 단순히 경건하거나 아는 것이 많다고 사제가 승진을 하고, 모범적인 행동이나 용기가 많다고 군인이 승진을 하고, 강직함 때문에 판사들이 승진을 하고, 애국심 때문에 의원들이 승진을 하거나, 지혜롭다고 고문들이 승진을 하는 경우는 더더욱 없어 보이네. (중략) 결국 자네가 말해 준 것과 내가 억지로 쥐어짜내서 자네에게서 얻어낸 답을 종합해 보니 이런 결론에 도달하게 되었네. 그러니까 자네 종족은 대자연이 지금까지 지구상에 태어나게 한 가장 징그러운 벌레와 같이 해로운 존재라는 걸세."

결국 걸리버는 노력에도 불구하고 거인과의 관계에서 풍자의 대상 자리를 벗어나지 못한다. 타자의 시선을 만났을 때, 자신의 초라함을 자신의 터무니없음을 보고야 만다. <u>또다시 낯선 시선 속에서 맞닥뜨리는 우리 일상의 초라함!</u>

후이늠으로의 여행 —인간, 이성의 광기를 만나다

소인국과 대인국으로 이어지며 비판의 강도를 더해가던 여행기는 제3부에서 근대적 이성과 그 화신일 수 있는 과학에 대한 비판으로 이어진다. 하지만 그래도 여기까지는 타자의 시선 역시 소인, 거인, 라퓨타인 등, 같은 이성을 기반으로 하는 인간에 의해 진행된다. 드디어 제4부에서 스위프트의 비판은 인간이 비이성의 영역으로, 절대적인 타자로 치부했던 동물의 입을 빌어 행해진다.

"그러나 이성을 가졌다고 자임하는 존재가 그런 끔찍한 일을 저지를 수 있다는 것을 볼 때, 그는 그러한 능력의 타락이 야만성보다 더 나쁜 것은 아닐까 두려워했다. 그래서 그는 이성 대신에 우리 인간은 우리의 원래의 악함을 증가시키는 데 알맞은 어떤 능력만을 소유하고 있을 뿐이라고 확신했다. 마치 고요하지 못한 개울에 비친 반영이 흉악한 육신의 모습을 더 크게 왜곡하여 보여주는 것처럼."

"내 주인은 우리 인간을 다음과 같은 동물로 보았다. 즉, 종족의 몫으로, 어떤 우연에 의해서인지는 추측하지 못하지만, 이성의 작은 조각이 떨어졌으나 그것을 오직 원래의 타락을 더 악화시키는 데 이용하고, 자연이 부여하지 않은 새로운 악덕을 획득하는 데 사용한 동물로."

인간이성에 대한 이 같은 시각은 결국 인간존재 자체에 대한 회의일 것이다. 스위프트의 시대는 문학적으로는 고전주의, 철학적으로는 계몽주의의 시대다. 말 그대로 인간존재의 근거가 이성을 통해 세워지던 시기다. 이성에 대한 신뢰를 통해 인간은 다른 모든 존재와 근본적으로 구분될 수 있었다. 그런데 바로 그 이성에 대해 스위프트는 불신의 시선을 보낸다. 이런 불신은 이성이 수행하는 현실의 기능에 의해 뒷받침된다.

"나는 친구의 배반이나 변절, 그리고 드러난 혹은 숨은 적의 모략을 느끼지 못했다. 나는 권력자나 혹은 그의 하수인의 호의를 얻기 위해 뇌물을 바치거나, 아첨 혹은 뚜쟁이 짓을 할 필요가 없었다. 나는 사기나 탄압에 대항하여 울타리를 칠 필요가 없었다. 그리고 이곳에는 다음과 같은 존재들이 없었다. 내 몸을 망칠 의사, 내 재산을 파멸시킬 법률가. 나의 말이나 행동을 감시하고 혹은 고용되어 나에 대한 고발을 위조할 밀고자. 조롱하는 사람, 트집 잡는 사람, 뒤에 가서 헐뜯는 사람, 소매치기, 노상강도, 도둑, 변호사, 난봉꾼, 광대, 도박꾼, 정치가, 재사(才士), 성마른 사람, 지겹게 말하는 사람, 논쟁꾼, 강탈자, 살인자, 강도, 그리고 거장인 체 하는 사람. 당이나 붕당의 지도자나 추종자. 유혹이나 예를 들면서 악행을 부추기는 자. 지하동굴, 도끼, 교수대, 채찍질대, 형틀. 속이려고 드는 상인이나 기술자. 자만심, 허영심, 가장. 맵시꾼, 깡패, 술주정뱅이, 배회하는 창녀, 혹은 성병. 소리 지르고, 음탕하고, 낭비하는 여편네, 아는 척하는 멍청한 학자, 질기고, 위압하고, 싸우려 들고, 시끄럽고, 으르렁대고, 골빈, 잰 체하고, 욕하는 동료. 악덕 때문에 형편없는 처지에 빠진 고귀한 자. 귀족, 거짓말쟁이, 판사, 혹은 춤꾼."

걸리버가 후이늠의 나라에서 편안해 하는 이유들이다. 이 곳에는 없지만 인간세계에 있는 온갖 끔찍한 일들을 열거한다.

이 모든 잘못들이 이성의 존재인 인간에 의해 행해진다. 이성은 이제 화합이 아닌 전쟁을 위한 도구이고, 남과 더불어 살기보다는 남을 해치는 도구가 된다. 맹목적인 이성이 얼마나 폭력적일 수 있는가에 대해 이청준은 〈소문의 벽〉에서 다음과 같이 묘사한다.

"밤중쯤 되자 느닷없이 밖에서 쿵쿵거리는 발자국 소리가 났고, 어머니와 저는 그 발자국 소리에 놀라 잠을 깨고 말았지요. 눈을 뜨자마자 백지 창문이 덜컹 열리면서 눈부신 손전등 불빛이 가득히 방안으로 쏟아져 들어왔어요. 눈을 뜰 수도 없을 만큼 강한 불빛이었지요. 불빛 뒤에 선 사람의 모습이 보이지 않은 채 카랑카랑한 목소리가 울려왔어요. 이 집은 남자들이 모조리 어딜 갔어, 남자들은 다 어딜 가고 꼬맹이하고 아주머니만 남아 있는 거야, 그런 소리였지요. 올 것이 왔구나 싶었습니다. 전 속이 떨려 감히 그 불빛을 쳐다볼 수도 없었어요. 하지만 어머니는 저보다도 더 기가 질려 버린 모양이었어요. 기어들어 가는 목소리로 애원하듯 간신히 대답을 하고 있었어요. 우리 집에는 원래 다른 남자가 없고 식구가 두 사람뿐이라는 것이었어요. 전짓불은 곧이들으려 하지 않았지요. 거짓말 마라, 우린 다 알구 왔다, 남자들은 다 어디 갔느냐, 누굴 따라간 게 틀림없는데, 따라간 사람이 누구 편이냐는 것이었지요. 무섭고 답답한 일이었습니다. 왜냐하면 전짓불의 추궁대로 아버지는 정말로 밤이 두려워 집을 비우고 숨어 달아나고 없었으니까요. 전짓불은 정말로 그것을 알고 있는 것 같았어요. 전짓불의 정체만 알 수 있었다면 물론 대답이 어려운 것은 아니었지요. 하지만 그 전짓불의 강한 불빛 때문에 그 뒤에 선 사람이 어느 편인지는 죽어도 알아낼 수가 없었습니다. 아아, 그 전짓불이 얼마나 원망스럽고 무서운 것이었는가를 지금도 잊을 수가 없군요. 사실을 말할 수가 없었어요. 그러나 어머니는 끝끝내 대답을 하지 않을 수 없었지요. 전짓불이 자꾸 대답을 강요했기 때문이죠. 어머니는 결국 울음 섞인 목소리로 애원을 하기 시작했어요. 아버지가 밤새 어디론가 집을 나가 있는 것은 사실이지만 그러나 그것은 누굴 따라가기 위해서가 아니라 그저 세상이 시끄러워 잠시 피신을 해 간 것뿐이니 용서해 달라구요. 그러나 전짓불은 믿지 않았어요. 거짓말이다, 당신의 남편은 누굴 따라간 게 틀림없다, 그게 어느 편이냐, 아주머니는 누구 편이냐, 어머니를 사정없이 추궁을 하고 들었습니다. 그러니까 어머니는 다시, 우리는 아무것도 모르고 그저 농사나 지어 먹는 사람이다, 누구를 따라간 일도 없고 누구의 편이 된 일도 없다, 무식한 죄로 그러는 것이니 제발 허물을 삼지 말아 달라… 이 아주머니 정말 반동이구면, 누구의 편이 아니라니 그런 반동적인 사상은 용서할 수 없다, 전짓불 뒤에서 비로소 그런 소리가 들려왔어요. 겨우 전짓불의 정체가 밝혀진 것이지요. 하지만 그때는 이미 때가 너무 늦어 있었어요."

계몽은 말 그대로 어둠에 이성의 밝은 빛을 비추는 행위다.

하지만 어둠을 비추는 빛은 너무나 밝은 빛으로 인해 주변의 다른 것들을 더욱 깊은 어둠 속에 묻어 버린다. 이 점을 깨닫지 못한 빛은 대상을 잔인하게 고문한다. 빛은 곧 진리이기에 이미 답을 알고 있다. 아니 정확히 말해서 대상을 자신의 빛으로 물들여 자신들의 답을 그 속에서 만들어낸다. 대상을 왜곡해서, 인간이 세상과 접하는 방식, 그리고 그 방식을 교정하는 힘. 이 모든 것이 이성에서 나온다면, 인간의 이성이 산산이 부서진 자리에 남는 것은 회의일 뿐이다. 그러나…

그러나. 여행의 완성 — 돌아오기, 어떻게?

지금쯤 눈치챘을 것이다. 지금껏 우리가 여행이라고 부른 것은 사실 거리두기의 다른 이름임을. 너무나 당연하게 그 속에서 숨쉬고, 먹고, 자고, 행위하던 것들, 일상이란 이름으로 우리를 감싸던 것들에서 벗어나 우리의 모습을 거리를 두고 바라보는 행위였음을.

따라서 모든 여행은 돌아오기 위해 떠나는 것이다. 이 거리를 두고서는 우린 살 수 없다. 구체적인 현실과 떨어진 삶을 상상할 수 있는가! 돌아오지 않는 것은 여행이 아니다. 이것은 만남이 항상 자기 자신에 대한 성찰로 끝나는 행위인 것과 마찬가지다. 자신에게 어떤 변화가 일어나지 않는다면 이것은 만남의 방법이 잘못되었다는 것이다. 만남을 통해 타자의 흔적이 내게 새겨지고, 나 또한 타자의 흔적으로 남는 것. 이것이 만남이다. 그렇지 않은 만남은 둘 중 하나일 것이다. 나를 버리고 철저히 타자에게 복종하는 것. 또는 타자를 철저히 부숴 버리고 그 자리에 나를 세우는 것. 여행 역시 마찬가지다. 앞서도 언급했듯이 변화 없는 일상의 세계. 즉 죽은 세계에 생명을 불어넣기 위해 로봇처럼 고갈된 내 영혼에 힘을 주기 위해 떠나는 것이 여행이다. 이 여행의 궁극적인 목적지는 다시 지금―여기의 일상, 지금―여기의 '나'가 될 수밖에 없다. 문제는 '어떤 나'로 돌아오는가이다.

〈그림 2〉

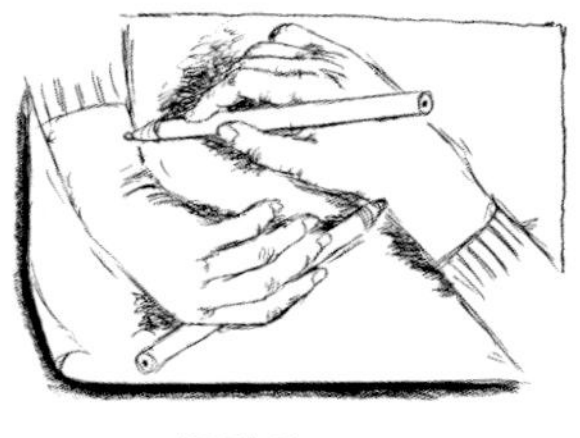

〈그림 3〉

그림을 보도록 하자. 먼저 〈그림2〉. 인간은 세계와 만난다. 이성의 눈으로 세계를 보고 이성이란 붓으로 세계를 그린다. 그래서 1차적으로 그려진 세계(왼쪽 그림). 이것이 우리가 사는 일상의 세계일 것이다. 그리고 걸리버가 최초로 떠났던 세계일 것이다. 하지만 인간의 정신은 여기에서 만족하지 못한다. 나 자신에게서 분리된 타자의 시선으로 이 과정 전체를 되돌아본다. 그 결과가 두 번째, 세 번째일 것이다. 하지만 이것은 막다른 골목에 다다른다. 이것이 걸리버가 점점 강도를 더해가는 비판 끝에 부딪힌 인간 이성의 한계지점이다. 여기서 걸리버는 더 이상 떠날 수 없다. (그림을 더 이상 그릴 수 없다. 화폭이 제한되었다) 떠날 수 없는데 이 과정은 끝날 수 없다.

이것이 의미하는 것은 뭘까? 이성을 통해 일상을 구성하고 그 일상 속을 살아가고, 또 이성을 통해 그 일상 바깥의 다른 시선을 도입함으로써 또 다시 기존의 일상을 비판한다. 이 반복 끝에 걸리버는 이 모든 과정을 주재하는 이성 자체가 잘못된 것임을 깨달은 것이다. 따라서 걸리버는 더 이상 떠나지 못했다. 비판하는 힘, 끊임없이 떠나게 하는 힘, 자신을 돌이켜보는 힘. 이것이 이성일진데, 이성이 믿을 수 없는 것임을, 더 이상 떠날 여백이 남아 있지 않음을 느낀 것이다. 그 결과 그는 지독한 회의와 인간에 대한 염증을 안은 채 다시는 떠나지 못했다. 그럼 이제 그쳐야 하는 걸까? 그러나 걸리버는 돌아왔다. 어떻게? 사실 걸리버가 돌아온 것이 아니다. 이제 진실을 말하자. <u>〈걸리버 여행기〉는 사실 조너선 스위프트가 걸리버라는 가상을 도입해서 당대의 일상과 거리두기를 행한 과정이 아닌가!</u>

자신은 세상에 즐거움을 주기 위해 이 책을 쓴 것이 아니라, 고통을 주기 위해 썼다고 스위프트는 말한다. 이 말은 결국 스위프트가 한 마리 '등에'로 돌아온 것을 의미한다. 인간에 대한 신랄한 비판과 야유를 담은 〈걸리버 여행기〉로 돌아온 거다.

기원전 6세기경 크레타 섬 출신인 에피메니데스는 다음과 같이 말했다. "모든 크레타 섬 사람은 거짓말쟁이다."

자기 언급이 지니는 역설을 보여주는 대표적 사례다. 우린 저 말이 참인지 거짓인지를 도저히 따질 수 없다. 자기 언급은 필연적으로 이런 역설을 지닌다. 못 믿겠으면 간단한 테스트를 해보자. "지금 이 순간 당신은 무엇을 하고 있는가?"이 질문에 답해 보시길. 당연히 '책을 읽는다'고 할 것이다. 하지만 가만 생각해 보면 묘하다. 내가 책을 읽는다고 대답하기 위해서는 나로부터 떨어져 있는 내가 필요하다. "지금 내가 뭐하는 거지?"라고 거리를 두고 바라볼 때, 비로소 내가 책을 읽는다는 대답이 가능하다. 눈치 빠른 사람은 알았겠지만. 이게 시작이다. 이제 '책을 읽는다고 대답하는 나를 바라보는 나', '책을 읽는다고 대답하는 나를 바라보는 나를 바라보는 나…' 끝낼 수 있나? (그림3. 그림을 그리는 손을 따라가다 보면 또 다른 손에 의해 그려짐을 당하는 자신을 만나게 된다. 이 그림은 에셔의 〈그림을 그리는 손〉을 보고 그려본 것이다. 원본을 한 번 찾아보시도록.) 이것이 여행이 지니는 역설이다. 나를 만나기 위해 나를 떠난다는 역설. 그러나 이 역설이야말로 여행의 힘이다. 끊임없이 움직이지 않으면 쓰러지고 마는 두 바퀴 자전거처럼, 끊임없이 떠나고 돌아올 수밖에 없는 불균형의 운명이야말로 인간을 인간이게 하는 힘이다. 이성이 이성인 이유는 대상을 그릴 뿐 아니라 그 대상을 그리는 자신의 자세까지 되돌아본다는 데에 있는 것이다. 〈걸리버 여행기〉의 의미는 바로 여기에 있다. 이런 떠남의 극한까지 진행했다는 것. 인간이 인간인 것이 그 이성 때문이라면 걸리버는 인간의 한계지점까지 떠났던 거다. 더 이상 떠날 수 없는 지점을 발견한 것이다. 그리고 뼈아픈 '비판'으로 돌아옴을 통해 에셔의 "그림을 그리는 손"이 보여주는 무한의 궤도를 완성했다. 인간의 힘은, 이성의 힘은, 역설의 한계를 넘어서 '무한한 반복으로 완성해낸다'(反者道之動-노자)는 점이다.

에피메니데스의 말이 단순한 논리게임의 의미 이상을 가지는 것은 돌아옴 때문이다. 상상해 보자. 에피메니데스가 크레타 섬 사람으로서의 삶을 살다가 어느 날 타자의 시선을 만나고 크레타 섬에서의 삶이 모두 거짓이었음을 깨달았다고 말이다. 그리고 돌아와서 외치는 거다. 세상은 경쟁이 아니더라고, 세상은 학벌이 아니더라고, 세상은 돈이 아니더라고.

어떤 일이 벌어질까? 일단은 에피메니데스가 입에 재갈을 물게 될 것이다. 하지만 한 번 무너진 균형은 한동안 흔들리게 될 것이다. 크레타 섬 사람들은 타자의 눈에 비친 자신의 모습에 대해 충격을 받게 될 것이다.

인간은 혹은 이성은, 그것의 무오류성이 아니라 오류에도 불구하고 끊임없이 자신으로 생각의 방향을 돌린다는 것. 자신의 한계를 바라본다는 것. 그래서 끊임없이 넓혀가는 과정태(過程態)라는 것. 이것이 '인간의 힘'이다.

걸리버는 여행에 대한 이런 통찰을 다음과 같이 표현한다.

"여행가들이 추구하는 본래의 목적은 인간을 더 현명하고 훌륭한 존재로 만들고, 외국의 좋은 예와 나쁜 예를 전달함으로써 인간의 정신을 더욱 고취시키고자 하는 것에 있다."

걸리버는 떠났었고, 다시 돌아왔다. 그는 '인간에 대한 지독한 회의'와 '이성의 광기'라는 침으로 무장한 한 마리 '등에'로서. 그러니 이제 우리가 떠날 차례다. 지긋지긋한 등에의 등쌀에 못 이겨 떠나야 한다. 노파심에서 하는 얘긴데 돌아와야 한다. 날카로운 비수로, 신랄한 비판으로. 예수님도 깨달음을 위해, 타자의 시선을 만나기 위해 떠났다. 하지만 돌아왔다. 우리의 삶 전체를 다시 보게 만들었다. 그래서 위대한 예수님이 된 거다. 물론 예수님은 또 떠나셨다. 하지만 다시 또 오마고 약속하셨다. 신기하게도 부처님도 똑같은 약속을 하고, 떠나고, 오시길 반복하신단다. 예수의 재림이 무엇일까? 제7, 제8의 부처가 다시 세상에 온다는 것은 무얼까?

어쩌면 반복되는 일상이 우리 삶을 파괴해 갈 때, 세계가 무의미한 것으로 굳어갈 때, 낯선 시선을 우리 삶에 불러오는 것. 그것이 아닐까? 그래서 우리의 삶을 근본에서부터 다시 보게 하는 것. 죽은 세계에 새로운 창조의 즐거운 고통을 주사하는 것. 어쩌면 그것일지도 모른다.

서울대 2008 예시문제 (변형)

〈걸리버 여행기〉의 주인공 걸리버가 난쟁이 나라에 도착하였을 때, 그곳 릴리풋(소인국) 사람들은 그에게 매일 릴리풋인 1,728인분의 음식을 지급하기로 하였다. 걸리버의 말을 들어 보면, 그의 식사는 다음과 같이 요란스러운 것이었다.

"300명의 요리사가 내 식사를 준비하였으며, 내 집 주위에는 다른 작은 집들이 세워지고, 거기서 요리사들은 가족들과 함께 지내면서 요리를 하였다. 식사 때마다 나는 20명의 급사를 식탁 위에 올려주었다. 그러면 100명쯤의 또 다른 급사들이 대령하고 있어서, 어떤 사람은 음식 접시를 내밀고, 어떤 사람들은 포도주며 다른 음료를 담은 통을 두 사람씩 어깨에 걸친 막대로 운반하기도 하였다. 식탁 위에 있는 급사는 내가 원하는 것을 밧줄과 도르래를 이용하여 무엇이건 끌어올렸다."

　　그런데 릴리풋인들은 도대체 어떻게 계산하였기에 이렇게 많은 양의 음식을 걸리버에게 제공하였던 것일까? 또, 단 한 사람의 시중을 드는 데 이처럼 많은 급사가 필요하였을까? 걸리버의 키는 기껏해야 릴리풋인들보다 12배 컸을 뿐인데 말이다. 그리고 걸리버와 이 난쟁이 나라의 말의 크기가 아무리 차이가 있었다 하여도 1,500필이란 숫자는 너무 지나친 것 같다.

　　걸리버의 키는 릴리풋인들의 12배이기 때문에, 몸 전체의 크기(부피)는 12×12×12, 곧 1,728에 해당한다. 따라서 릴리풋인들보다 12배 큰 걸리버가 목숨을 지탱하기 위해서는 그들의 1,728인분의 음식을 섭취해야 한다는 계산이 된다.

　　이렇게 따지면 요리사의 수가 그렇게 많았던 이유를 이해할 수 있을 것이다. 1,728인분의 요리를 장만하기 위해서는 한 사람의 요리사가 6인분의 요리를 마련할 수 있다고 하여도 300명쯤은 필요하였을 것이다. 시중꾼이 100명쯤 되었다는 것도 이 사실로 미루어 당연히 그랬어야 한다고 믿어진다.

　　또 걸리버의 몸의 부피가 릴리풋인의 1,728배였기 때문에 물론 그의 몸무게도 그만큼 무거워야 한다. 그를 말로 운반하는 것은 1,728명의 릴리풋인 어른을 한꺼번에 운반하는 것과 마찬가지인 엄청난 작업이다. 그러고 보면 스위프트는 나름대로 정확한 계산을 수행한 것이다.

　　다음에 나오는 법칙들을 이용해서 스위프트의 계산을 검증해 보기로 하자.

● 각 변의 길이가 1cm인 정육면체와 1m인 정육면체를 비교하자. 변의 길이는 100배, 표면적은 100^2배, 또 부피는 100^3배 차이가 난다. 따라서 정육면체 모양을 유지하면서 한 변의 길이가 100배 늘어나는 경우, 그 표면적/부피의 비는 1/100이 된다.

● 정육면체 모양의 몸집을 가진 가상 동물을 생각하자. 정육면체의 내부 밀도는 일정하고 밑바닥 면이 다리에 해당된다고 가정하자. 이 동물의 몸집이 100배 커지면, 무게는 100^3배 커지고 다리의 단면적은 100^2배 커져서 다리에 가해지는 압력이 100배 늘어난다. 그러나 대부분의 동물 뼈는 그 재질에 한계가 있어 압력의 크기가 일정 수준 이상을 넘어서면 부러지거나 견딜 수 없게 된다. 이 조건은 정육면체 모양을 가진 동물의 크기를 정하는 한계로 작용할 수 있다.

● 이번에는 정육면체 모양을 가진 가상 동물의 신진대사를 생각해 보자. 이 동물을 이루는 모든 세포는 외부로부터 영양소와 산소를 공급받아야 한다. 이 가상 동물은 그 표면을 통해서 외부로부터 영양소와 산소를 공급 받을 수 있다. 만일 몸집이 100배 커지면 표면적/부피의 비율이 1/100로 줄어들게 되어 각 세포가 공급받는 양도 같은 비율로 줄어들게 된다. 따라서 동물의 모양에 변화가 생기지 않는 한, 내부 세포는 심각한 영양부족 또는 산소부족을 겪게 될 것이다.

〈문제〉 위 법칙들을 통해 걸리버와 똑같은 모양의 소인이 가능한지를 과학적으로 논하시오. 만약 가능하지 않다면 소인의 모습은 어떤 형태를 지녀야 할지에 대해서도 논하시오.(글자수 제한 없음)

　　(1) 그들은 이성을 무지, 미신, 그리고 권위에 대한 무비판적 수용과 대비시켰다. 이 모든 것이 중세를 지배했다고 그들은 생각했다. 그들은 또한 갈릴레오가 발견한 낙하법칙과 뉴턴이 체계화한 중력과 운동의 법칙 같은 물리학에서의 여러 발견들의 영향을 크게 받았다. 그들은 이와 같은 위대한 발견들이 수학을 이용해 행하여지는 것을 보았다. 수학적 과정은 자명한 진리에서 시작하여, 하나의 자명한 단계에서 또 다른 단계로 나아가는 것이기 때문에 그들은 수학이 절대적으로 확실한 결론을 이끌어낸다고 믿었다. 이 방법을 사용하여 사람들은 그렇지 않았으면 미지의 상태로 남아 있었을 자연의 법칙을 발견했다. 그들은 또한 인간은 이성적인 의지를 가지고 있고, 이것으로 인해 인간은 계획을 세워 수행할 수 있다고 믿었다. 그들은 동물은 감정의 노예라고 단언했다. 동물이 어떤 것을 두려워할 때, 동물은 도망가려 한다. 동물이 화가 날 때, 동물은 싸운다. 그러나 인간은 두려울 때나 화가 날 때, 또는 어려움에 처해 있을 때 가장 좋은 행동 방법을 생각해낸다. 더군다나 인간은 단지 보다 쉽거나 매력적으로 보이는 것만을 하는 대신에, 올바른 것을 할 수 있다.

(2) 내가 발견한 나라를 정복해서 왕의 영토를 넓히는 일에 내가 그리 적극적이지 않은 이유가 또 하나 있다. 솔직히 털어놓자면, 이런 경우 군주들이 적용하는 분배의 정의에 대해 의심쩍은 부분이 있기 때문이다. 예를 들어 보자. 해적들이 폭풍우를 만나 어딘지 모르는 곳으로 표류해 가다가 육지를 발견했다 치자. 약탈과 강탈을 목적으로 해적들은 육지에 상륙한다. 그런데 내려 보니 사람들은 더없이 순수하고 해적들을 극진히 대접했다. 해적들은 이 땅에 새로운 이름을 붙이고 왕의 땅으로 공식 접수한다. 그리고 썩은 널빤지나 돌로 기념비를 세운 후 원주민 20-30명을 살해한다. 원주민 한 쌍을 견본 삼아 강제로 배에 태워 고국으로 돌아와 해적들은 사면을 받는다. 이제 신권이 부여됐다는 명목 하에 새로운 영토가 생긴 것이다. 서둘러 함대가 파견되고 원주민들은 쫓겨나거나 학살당한다. 보물을 빼앗기 위해 원주민의 군주를 고문하고 온갖 비인간적인 행위와 욕정을 채우기 위한 행동이 허용된다. 이리하여 대지는 원주민의 피로 시뻘겋게 물든다. 이토록 숭고한 원정에 동원된 저주받을 도살자 무리가 바로 우상을 숭배하는 야만족을 개종시키고 개화시킨다는 근대의 식민지 군대인 것이다.　　　　　　　　—〈걸리버 여행기〉 제4부 12장

(3) 사실 포퍼 교수의 사고방식에서 본 이성의 지위라는 것은 어딘가 영국 정부의 관리의 지위와 비슷한 점이 있습니

다. 그들은 집권정부의 정책을 시행할 권한도 있고, 이러한 정책의 효능을 높이기 위한 실제 개량책을 건의할 자격도 있으면서도 그 근본적 전제나 궁극적 목표를 의심할 자격은 없는 것입니다. 그것은 유익한 일입니다. 나 역시 젊었을 때에는 관리를 지냈습니다. 그러나 이러한 방식으로 이성을 기존질서의 전제 앞에 종속시킨다는 것은 결국 나로서는 도저히 용납할 수 없는 일입니다. 인간세계의 진보라는 것은, 과학에서나, 역사에서나, 사회에서나, 인간이 자기 자신을 현존방식의 단편적 개량에만 국한시킨다는 태도 하에서는 성취될 수 없는 것입니다. 그것은 주로 눈앞의 제도와 그 토대를 이루고 있는 음양(陰陽)의 전제(前提)에 대하여 이성의 이름으로서 근본적인 도전을 감행한다는 대담한 각오를 통해서만 이룩된 것입니다.
—E. H. 카 〈역사란 무엇인가〉

(4) 이성은 소여(所與)가 아니라, 성취되는, 필연적으로 성취되어야 하는 무엇이다. 결코 최종적으로 충만되지 않으며, 충만될 수도 없는 것이기에 이성은 합리성으로 풀어야 할 영원한 과제다. 이성적 사유의 극치인 과학은 기술을 만들었고, 기술이 지배하는 산업문명은 인류에게 엄청난 물질적 풍요와 동시에 유례없는 정신적 빈곤을 선사하였다.

그러면 하늘과 땅, 물과 공기를 병들게 한 이성을 옹호하자는 말인가? 이성사의 결산표를 앞에 두고 세속적 이성주의

자인 우리는 더 이상 '이성'을 냉정하고, 남성적이고, 세련되고, 분석적이고, 고도로 추상화된 철학적인 개념으로 이해하지 말자! 따뜻하고, 여성적이며, 협동과 감정이입, 생명권에 대한 책임감, 그리고 공동체와 연대라는 새로운 개념을 포괄하는 '살아 있는 합리성'으로 이해하자! 이런 이성은 타자를 승인하고 긍정한다. 21세기, 이성이 여전히 유효한 인간적 특징으로 남아 있으려면, 인간과 인간 외 생명 대부분의 생존을 위협하는 저 약탈적 사회는 살아 있는 합리성으로 차이를 긍정하는 이성으로 대치되어야 한다.

인간은 이성적 존재로 이 땅에 오지 않았다. 단지 이성적으로 되어가는 동물이다. 이성적 동물이라는 이상을 버리고, 이성적으로 되어가는 과정에 주목함으로써 이성 철학의 한계는 극복될 것이다.

〈문제 1〉 제시문 (2)에는 직접적이진 않지만 근대적 이성이 지니는 특성에 대해 제시문 (1)과 공유하는 부분이 있다. 두 제시문에서 도출되는 근대적 이성의 성격을 분석 비판하시오. (500자)

〈문제 2〉 제시문 (3)의 저자가 바라본 포퍼 교수의 '이성'에 대한 관점을 일반적 주장으로 정리하시오. (50-100자)

〈문제 3〉 제시문의 내용을 모두 활용하여 '이성'에 대한 올바른 관점에 대해 자신의 생각을 논하시오. (800자)

다락원 논술노트 001

걸리버 여행기

펴낸이 정효섭
펴낸곳 (주)다락원

초판 1쇄 인쇄 2006년 11월 10일
초판 1쇄 발행 2006년 11월 15일

책임편집 안창열, 김지영
디자인 손혜정, 박은진
번역 권지현
삽화 손창복

다락원 경기도 파주시 교하읍 문발리 509-1
Tel:(02)736-2031 Fax:(02)732-2037
(내용문의: 내선 520/구입문의: 내선 113~114)
출판등록 1977년 9월 16일 제300-1977-23호

Copyright ⓒ 2006, 다락원

출판사의 허락 없이 이 책의 일부 또는 전부를
무단 복제·전재·발췌할 수 없습니다.
잘못된 책은 바꿔 드립니다.

값 8,500원

ISBN 89-5995-116-1 43740
      978-89-5995-116-1 43740

패턴 따라 쉽게 쓰는 틴틴 영어일기 1, 2

❶ 일상생활 패턴정복
❷ 학교생활 패턴정복

중학교에 다니는 여학생과 남학생이 각각 일상생활과 학교생활을 중심으로 1년간의 일을 쉽고 재미있게 쓴 영어일기. 중학생이라면 누구나 한번쯤 겪어봤을 만한 일들을 바탕으로 한 다양한 일기 소재와 어휘가 제공되어 있기 때문에, 영어일기를 통해 영작을 연습하려는 학습자에게 큰 도움이 될 수 있는 교재이다. 중·고생뿐만 아니라, 중학 영어를 미리 예습하려는 예비 중학생들에게도 아주 효과적인 영어 학습서로 강추!

□ 정미선 지음 / 4·6배 변형 /192면
□ 정가 10,000원 (오디오 CD 1개 포함)

Teen Teen Diary (전3권)

❶ **매일 10단어로 뚝딱 중학생 영어일기**

중1 수준의 어휘와 문장으로, 영어일기와 일상회화에 대한 감각을 익힌다.

□ 정미선 지음 / 신국판 / 144면
□ 정가 7,500원 (테이프 1개 포함)

❷ **매일 5문장으로 술술 중학생 영어일기**

중2 수준의 어휘와 문장으로, 영어일기에 친숙해지고 자신감을 쌓는다.

□ 정미선 지음 / 신국판 / 152면
□ 정가 7,500원 (테이프 1개 포함)

❸ **매일 내맘대로 쓱싹 중학생 영어일기**

중3 수준의 어휘와 문장으로, 중학영어를 마스터하고 미국의 일상회화에 익숙해진다.

□ 정미선 지음 / 신국판 / 144면
□ 정가 7,500원 (테이프 1개 포함)

지니의 미국생활 영어일기 Hello! America (전2권)

❶ **가을학기** ❷ **봄학기**

어느 한국 여학생의 미국생활 이야기를 일기 형식으로 담은 책. 1권은 '가을학기', 2권은 '봄학기'편으로, 총 1년간의 미국 학교생활 및 일상생활에 관한 흥미로운 이야기들이 담겨 있다. 미국 학생들의 실생활을 바탕으로 한 탄탄한 스토리로 살아 있는 현지 영어와 미국문화를 체험할 수 있을 뿐만 아니라, 영어 독해 및 영작 연습을 할 수 있는 아주 유용한 교재이다.

□ 이지현 지음 / 국배판 변형 / 152면
□ 정가 8,500원

〈행복한 명작 읽기〉는 기초가 약한 영어 초급자나 초, 중, 고 학생들이 보다 즐겁고 효과적으로 명작들을 읽으며 독해력을 키울 수 있도록 개발된 독해력 증강 프로그램입니다.

책의 특징

1 골라 읽는 재미가 있다. 초보자를 위한 350단어 수준에서 중고급자를 위한 1,000단어 수준까지 5단계 구성.

2 단계별로 효과적인 영어 읽기 요령과 영문 고유의 참맛을 느낄 수 있는 장치가 곳곳에.

3 읽기만 해도 영어의 키가 쑥쑥 – 해석을 돕는 돼지꼬리(◞), 영어표현 및 문법 설명, 퀴즈가 왕창.

4 체계적인 듣기 학습까지. 전문 미국 성우들의 생동감 넘치는 원음을 담은 오디오 CD 제공.

왕초보 기초다지기

실력에 맞게 효과적으로 끊어 읽으며 직독직해 훈련을 한다.

Grade 1 — Beginner *350 words*

1. 미녀와 야수
2. 인어공주
3. 크리스마스 이야기
4. 성냥팔이 소녀 외
5. 성경 이야기 1
6. 신데렐라
7. 정글북
8. 하이디
9. 아라비안 나이트
10. 톰 아저씨의 오두막

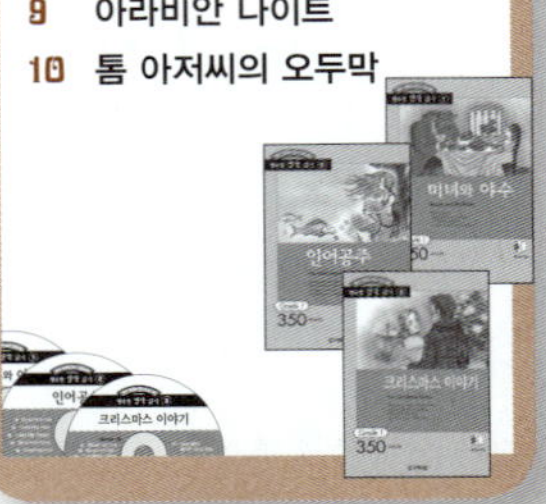

Grade 2 — Elementary *450 words*

11. 이솝 이야기
12. 큰 바위 얼굴
13. 빨간머리 앤
14. 플랜더스의 개
15. 키다리 아저씨
16. 성경 이야기 2
17. 피터팬
18. 행복한 왕자 외
19. 몬테크리스토 백작
20. 별 │ 마지막 수업

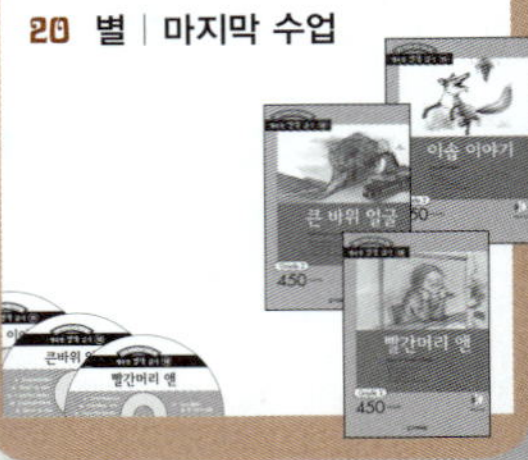

국판 │ **Grade 1, 2, 3** 각권 6,000원
(오디오 CD 1개 포함)

Grade 4, 5 각권 7,000원
(오디오 CD 1개포함)

*어린왕자 8,000원
(오디오 CD 2개 포함)

**고도를 기다리며 9,000원
(오디오 CD 2개 포함)

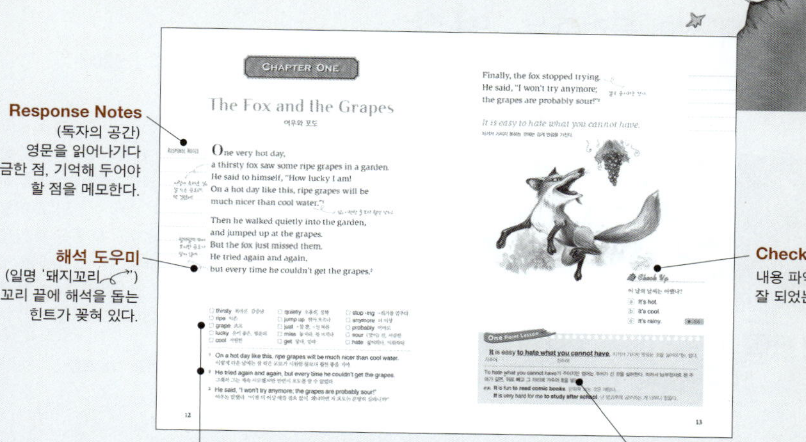

Response Notes (독자의 공간)
영문을 읽어나가다 궁금한 점, 기억해 두어야 할 점을 메모한다.

해석 도우미 (일명 '돼지꼬리')
꼬리 끝에 해석을 돕는 힌트가 꽂혀 있다.

주요 어휘 및 문장 해석

Check-Up
내용 파악이 잘 되었는지 확인.

One-Point Lesson
주요 문법사항이나 표현에 대한 심층 분석 코너.

★ 실력 굳히기 ★

실력에 맞게 효과적으로 끊어 읽으며 직독직해 훈련을 한다.

★ 영어의 맛 제대로 느끼기 ★

영문판 원서 도전을 위한 전 단계의 준비과정이다.

Grade 3 Pre-intermediate — 600 words

21 톨스토이 단편선
22 크리스마스 캐럴
23 비밀의 화원
24 헬렌 켈러, 나의 이야기
25 베니스의 상인
26 오즈의 마법사
27 이상한 나라의 앨리스
28 로빈 후드
29 80일 간의 세계 일주
30 작은 아씨들

Grade 4 intermediate — 800 words

31 오페라 이야기
32 오페라의 유령
33 어린 왕자*
34 돈키호테
35 안네의 일기
36 고도를 기다리며**
37 투명인간
38 오 헨리 단편선
39 레 미제라블
40 그리스 로마 신화

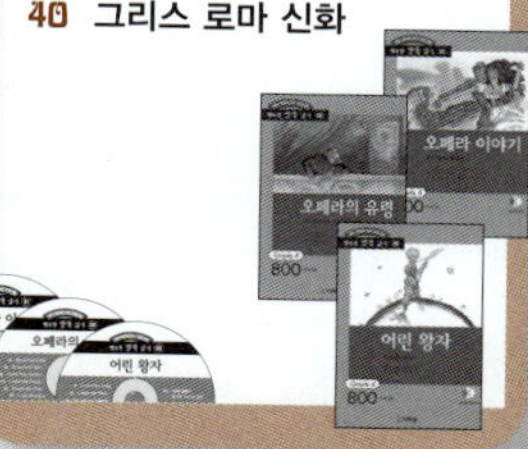

Grade 5 Upper-intermediate — 1000 words

41 센스 앤 센서빌리티
42 노인과 바다
43 위대한 유산
44 셜록 홈즈 베스트
45 포 단편선
46 드라큘라
47 로미오와 줄리엣
48 주홍글씨
49 안나 카레니나
50 나에겐 꿈이 있습니다
　　–명연설문 모음

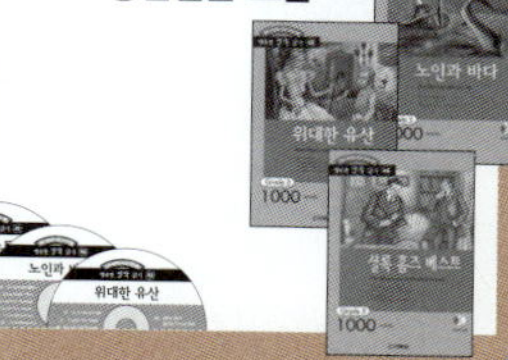

콕콕 찍어 들려주는 명작 리스닝 시리즈 [전20권]

세계 명작소설을 쉽게 고쳐 쓴 중·고생용 학습 교재. 독해와 함께 청취력 향상을 위해 전 내용을 녹음하고, 매 페이지에 리스닝 포인트를 두어 한국인이 듣기 어려운 부분은 또박또박한 발음으로 반복해 들려준다. 권말에는 영어듣기 테스트를 수록해, 입시에서 점점 비중이 높아지는 듣기시험에 대비하도록 했다.

□ 각 권 4·6판/140면 내외
□ 정가: 각 권 5,800원 (테이프 2개 포함)

① 이상한 나라의 앨리스 / 백설공주와 일곱 난쟁이
Alice's Adventures in Wonderland /
Snow White and the Seven Dwarfs

② 이솝 우화
Aesop Fables

③ 그림 동화집 / 잭과 콩나무
Grimms Fairy Tales / Jack and the Beanstalk

④ 재미있는 이야기 / 미녀와 야수
Famous Stories / Beauty and the Beast

⑤ 알라딘과 요술램프 / 이른 아침의 살인
Aladdin and the Magic Lamp / Dead in the Morning

⑥ 오즈의 마법사 / 흑마 이야기
The Wonderful Wizard of Oz / Black Beauty

⑦ 걸리버 여행기 / 쉽게 번 돈
Gulliver's Travels / Fast Money

⑧ 거울 속의 앨리스 / 정원
Through the Looking Glass / The Garden

⑨ 피터 팬
Peter Pan

⑩ 큰 바위 얼굴 / 크리스마스 선물 /
알리바바와 40인의 도적들
The Great Stone Face / The Christmas Present /
Ali Baba and the Forty Thieves

⑪ 돈키호테 / 헨리 포드 이야기
Don Quixote / Tin Lizzie

⑫ 로빈 후드 / 어느 병사의 죽음
Robin Hood / Death of a Soldier

⑬ 신문 배달 소년 / 긴 터널 / 몰리의 순례자
Newspaper Boy / The Long Tunnel / Molly Pilgrim

⑭ 언덕 위의 집 / 헤라클레스
The House on the Hill / Hercules

⑮ 우주 도시로의 여행 / 요술 정원
Journey to Universe City / The Magic Garden

⑯ 마르코 폴로 / 크리스토퍼 콜럼버스 /
올리버 트위스트
Marco Polo / Christopher Columbus / Oliver Twist

⑰ 삼총사 / 레슬러
The Three Musketeers / The Wrestler

⑱ 불의 전차
Chariots of Fire

⑲ 런던 경시청 이야기 / 아서 왕
The Story of Scotland Yard / King Arthur

⑳ 도난당한 편지 / 붉은 머리 사교회 /
트래버스 씨의 첫사냥
The Stolen Letter / The Society of Red-Headed
Men / Mr. Travers First hunt